Sabine Mühlisch
Fragen der KörperSprache
Antworten zur non-verbalen Kommunikation

Reihe
Soft Skills kompakt
Herausgegeben von Stéphane Etrillard
Band 2

Ausführliche Informationen zu jedem unserer lieferbaren und geplanten Bücher finden Sie im Internet unter www.junfermann.de. Dort können Sie auch unseren kostenlosen Mail-**Newsletter** abonnieren und sicherstellen, dass Sie alles Wissenswerte über das **JUNFERMANN**-Programm regelmäßig und aktuell erfahren.

Besuchen Sie auch unsere e-Publishing-Plattform www.active-books.de

Sabine Mühlisch

Fragen der KörperSprache

Antworten zur non-verbalen Kommunikation

Junfermann Verlag • Paderborn
2010

Copyright © Junfermannsche Verlagsbuchhandlung, Paderborn 2007
2. Auflage 2010
Covergestaltung/Reihenentwurf: Christian Tschepp
Coverfoto: Alicja Suszczewska-fatla – FOTOLIA.com

Satz: JUNFERMANN Druck & Service, Paderborn

Bibliographische Information der Deutschen Bibliothek

Die Deutsche Bibliothek verzeichnet diese Publikation in der Deutschen Nationalbibliographie; detaillierte bibliographische Daten sind im Internet über http://dnb.ddb.de abrufbar.

ISBN 978-3-87387-662-0

Inhalt

Warum so viele Missverständnisse?
Eine klärende Einleitung

Was fällt Ihnen als erstes zum Stichwort KörperSprache ein? Kennen auch Sie den Satz: „KörperSprache ist, wenn man die Arme vor dem Bauch verschränkt und sich damit zu macht"? Oder: „Ach, ja, das Überschlagen des Beines zeigt die Zu- oder Abneigung zum Gesprächspartner"? Dann sind Sie in guter Gesellschaft.

Denn aus den komprimierten Aufstellungen in Presse, Funk und Fernsehen entstehen Halbwahrheiten, die nur schwer wieder aus den Köpfen der Empfänger zu entfernen sind. KörperSprache und ihre Bedeutungen sind eben nicht ganz so simpel und die oben beschriebenen Aussagen sind nur bedingt zutreffend! Sie führen eher zu Miss- als zu Verständnis.

Das Verschränken der Arme kann nämlich, je nach Situation, in Zusammenhang mit anderen Körperpositionen in der Übersetzung als „Ich höre gerne zu" bis „Jetzt ist genug geredet, ich möchte reden oder gar nichts mehr hören" gedeutet werden. In einer Paarbindungs-Situation hat das Überschlagen der Beine sicher etwas mit Zu- oder Abneigung zu tun – in Alltagsgesprächen jedoch zeigen sie eher die bevorzugte Hirnaktivität des dazugehörigen Gesprächspartners an. Dazu später mehr.

Mit dieser Art von Missverständnissen möchte ich also gerne aufräumen. Sie finden in dem Frage-Antwort-Dialog eine Anleitung, die Sie auffordert, selber zu beobachten und daran zu denken, die Methodik der Übersetzung immer wieder in Ihrer jeweiligen Lebens-Situation oder während der Beobachtung Ihres Alltags anzuwenden. Sie werden vergeblich nach Anweisungen, Rezepten oder Pauschaltipps suchen. Die Angaben zu „wenn ... dann" finden Sie hier nur bedingt, denn sie werden den Menschen und ihrem vielfältigen Verhalten nicht gerecht und tragen nur dazu bei, dass immer wieder neue Klischees und Dogmen zur Kategorisierung verwendet werden.

Primäres Ziel dieser Fragen und Antworten ist es, Ihnen eine neue Sichtweise der körperlichen Erscheinungsformen zu geben, die ein Deuten auf der seelisch-geistigen Ebene ermöglicht und einen selbstständigen Umgang mit den zahlreichen Erscheinungsformen körpersprachlichen Ausdrucks erkennen und erschließen lässt.

KörperSprache, wie sie hier übersetzt, ge- und bedeutet wird, soll die Augen öffnen für das Wissen, was bereits in jedem Körper „versteckt" ist und es daher keiner „Beweise" aus den klassischen Wissenschaften bedarf. Dennoch fließen in die Übersetzungen Erkenntnisse, besonders der Quantenphysik, Neuropsychologie und Hirnforschung mit ein.

Wer sich und andere unter den hier beschriebenen Grundsätzen beobachtet, wird die Wahrhaftigkeit der Aussagen am eigenen Leib erfahren und damit Wissen (er)schaffen können.

Fazit: Es gilt, sich selbst und andere wohlwollender, liebevoller zu betrachten und zu erkennen, was ursprünglich hinter und in Aussagen von Menschen in Kommunikationssituationen steckt. Sie erhalten ein Hilfsmittel zur Selbst-Erkenntnis und somit zum besseren Verständnis der Menschen untereinander.

1. Was ist KörperSprache?

Unsere Körper setzen in ihrer ganz eigenen Sprache das um, was in unserem Denken vorherrscht, welche Energie vorhanden ist, welche Ängste regieren und welche Programme gelebt werden. Unsere verbale Sprache ist nur ein Teil der Kommunikation. Mehr als 50 Prozent werden durch den Körper und seine Verhaltensweisen ausgedrückt. Ganzheitliche Information und Kommunikation entsteht aus verbalen und non-verbalen Anteilen.

Heißt das, wir sprechen immer mit unseren Körpern?

KörperSprache ‚sprechen' wir immer und überall, allerdings weitgehend unbewusst. Wer mit seinem gesamten Potenzial sprechen und handeln will, muss um seine KörperSprache wissen – sich ihrer bewusst sein (Bewusstsein = im Wissen sein). Wenn Sie daher das Wissen um Ihre persönlichen körpersprachlichen Ausdrucksformen nutzen, verstehen Sie Mitarbeiter, Kunden, Nachbarn, Freunde, Vorgesetzte ... kurz: Mitmenschen und auch sich selbst und insbesondere im „Ungesagten". Sie erweitern damit Ihr „Handwerkszeug" um die ursprünglichste menschliche Komponente: KörperSprache. Wer sich authentisch, frei und flexibel seinen Gesprächspartnern offenbart, kann echte Dialoge mit „neuen" Ergebnissen führen.

Nur so können Sie sich jederzeit – nach Innen und Außen – auch non-verbal, individuell und authentisch darstellen.

Authentisch wird im Zusammenhang mit KörperSprache oft verwendet und wohl jeder versteht etwas anderes darunter. Was bedeutet „authentisch" für Sie?

Authentisch bedeutet sich-Selber-sein. Wir sind authentisch, wenn wir vollkommen wahrhaftig, uns selbst treu und ehrlich sind! (Was nicht bedeutet, nicht zu lügen!) Dazu brauchen wir absolutes Vertrauen in uns selbst (Selbst *Vertrauen*). Äußere Einflüsse, wie sich darüber zu sorgen, was andere denken, was andere von mir erwarten, sollten nicht der Motor für mein Sein und Tun sein. Etwas tun, um zurechtzukommen, zu gefallen (und dann fällt man irgendwann!) ... diese Verhaltensweisen verhindern, dass andere sich über einen ärgern (können). Folglich ist solch ein Verhalten nicht authentisch.

Nur weil mir etwas wichtig ist, mir entspricht, tue ich das Entsprechende. Nur wer auf sich selbst fokussiert ist, wahrnimmt, was jetzt IST und diesen eigenen Impulsen folgt, wer Dinge tut, die für ihn richtig und angemessen sind, ist authentisch.

Woher wissen wir mit unseren Körpern zu sprechen?

Das primäre und damit einfachste Kommunikationssystem, welches uns mit in die Wiege gelegt worden ist, ist unsere Ur-Muttersprache „Körper". Sie ist nur im Laufe unserer Entwicklung und Konditionierung in Vergessenheit geraten. Dabei hätten wir kaum eine Überlebenschance, wenn wir uns nicht sofort nach unserer Geburt durch Stimmlaute, Mimik sowie eine bestimmte Gestik und Bewegungen verständlich machen würden.

Nur, woher kommen diese Informationen und wie werden sie gesteuert? Wieso drückt der Körper Informationen einer momentanen, inneren Gefühlssituation aus, wie am Beispiel eines Säuglings: „Ich habe Hunger"?

Der Körper tut nichts aus sich selbst heraus. Der Körper eines (lebenden!) Menschen bezieht seine Aktionen aus den nichtstofflichen Bereichen, die wir Bewusstsein oder auch Seele nennen und dem Leben, auch als Geist bezeichnet. Aus dem Bewusstsein stammen die Informationen, die sich im Körper verkörpern oder manifestieren und damit sichtbar werden. Das Bewusstsein ist dabei einem Radioprogramm, der Körper dem Empfänger vergleichbar. Was in oder durch einen Körper geschieht, ist daher immer Ausdruck (es drückt nach Außen!) einer entsprechenden Information aus einem geistigen Bild. Alles ist zunächst neutrale Energie, der wir eine Ladung, eine Wertung und eine Form geben.

Verhaltensänderungen, Bewegungen, Spannungen oder Entspannungen finden immer zunächst auf der Ebene der Seele oder des Bewusstseins statt. Sie finden auf der körperlichen Ebene ihre Verwirklichung und schaffen damit die Wirklichkeit. Der Körper ist die Bühne für die Bilder des Bewusstseins, der Seele und des Geistes.

Sind dann alle Bewegungen, Aktionen oder Handlungen geistigen Ursprungs?

Ja. Wir sind geistige Wesen, die eine körperliche Erfahrung in einer selbsterschaffenen Realität machen. Jegliche Abweichung aus einer harmonischen, ausgeglichenen Körperhaltung und -bewegung ist immer eine Abweichung oder Störung der seelischen Ordnung. Das entstehende innere Ungleichgewicht drückt sich mit Hilfe des Körpers durch entsprechende Äußerungen aus. – Diese äußeren Signale geben uns den Hinweis, dass die Seele des Menschen einen bestimmten Mangel leidet und durch die Kompensation in die Körperlichkeit uns selbst und jedem Betrachter deutlich sichtbar dies zu verstehen gibt.

Sichtbar vielleicht, aber wie deutet man?

Um von diesem holistischen Ansatz her die KörperSprache zu deuten und zu bedeuten, helfen uns die bildhafte Sprache und ein gutes Ohr für die Hintergründe und Doppeldeutigkeit der Worte. Besonders auffällige Worte werden daher zur Verdeutlichung kursiv gedruckt.

Die verbale Sprache ist in der Abfolge der Evolution der Menschheit eine der letzten Errungenschaften. Auch am Beispiel der Einzelmenschwerdung können wir dies erkennen: Zuerst bestimmt die non-verbale, körperliche Sprache über Leben oder Sterben, dann erst kommt die verbale Sprache, langsam und mühsam erarbeitet hinzu: Sprache beschreibt KörperSprache, sie weiß um die Zusammenhänge zwischen Körper und Seele, wenn wir gewillt sind, hinter dem physischen Körper den Ausdruck eines geistig-seelischen Prinzips zu erkennen. Wenn wir also beschreiben, was wir an körperlichen Ausdrücken vorfinden, so redet unsere Seele über die äußeren Erscheinungen mit uns. Wir müssen nur wieder hinhören und verstehen lernen.

Der gläserne Mensch? Möchten Menschen denn überhaupt so durchschaut werden oder sich durchschauen lassen?

Der Körper und seine (Seelen-)Sprache sind so eindrucksvoll ehrlich – manchmal mehr, als wir es uns wünschen! Die Wahrheit über unser oft so unterdrücktes, geheim gehaltenes und geschütztes Inneres wird „gnadenlos" durch den Körper sichtbar gemacht. Kein Wunder vielleicht, dass wir uns soweit von diesem Wissen entfernt haben – ungeschminkte Wahrheit kann wehtun, muss sie jedoch nicht.

Doch auch wenn wir geübt sind, nur der Ebene der so genannten rationalen Wirklichkeit und der Verlässlichkeit der gesprochenen Worte zu vertrauen: Wir können nicht immer Weg-Sehen, Weg-Hören und Nicht-Verstehen! Selbst wenn uns dies bei anderen Menschen schon sehr gut gelingt (technische Kommunikationsgeräte wie Telefon, Fax oder Mails helfen uns dabei) und wir den wahren, ganzheitlichen Informationen damit entfliehen können – jeden Morgen, beim Blick in den Spiegel, begegnen wir uns doch selbst und unser Körper spricht über unser Seelenleben eine deutliche Sprache. Hilft es da, den Spiegel immer kleiner werden zu lassen oder nur noch für „technische" Belange hineinzusehen?

Es geht also um Selbsterkenntnis – suchen Menschen wirklich danach?

Je bewusster wir die körperlichen Erscheinungen betrachten und deren – seelisch-geistige – Botschaften verstehen, um so eher sind wir in der Lage, uns zunächst selbst zu erkennen (bevor wir andere erkennen können) und wahrheitsgemäß darüber zu kommunizieren. Nur was ich in mir erkannt habe, erkenne ich dann bei anderen wieder!

Solange wir das Außen „nur" als mechanisches Geschehen betrachten und keine Beziehung zum Inneren herstellen, werden unsere Kommunikationsversuche oberflächlich, verschleiernd und missachtend sein. Selbst die Signale von Störungen, Krankheit genannt, lassen sich auf Dauer nicht nur mechanisch, technisch zur Heilung bringen. Wir können entscheiden, wann wir auf die Suche zum Selbst gehen – irgendwann ist für jeden der Zeitpunkt gekommen. Meist helfen Leid, Katastrophen und Schicksal (zur Heilung geschickt!) zur Hinwendung nach Innen und somit zum Selbst. Wie sagte schon das Orakel von Delphi: *Erkenne dich selbst!* Oder wie postulierte bereits Hermes Trismegistos ca. 3.000 v. Chr.: *Wie oben so unten, wie innen so außen.*

2. Was sagt KörperSprache?

Wer KörperSprache deuten will, muss sich Gedanken zur inhaltlichen Unterscheidung von Deutung, Wertung, Einschätzung oder Interpretation machen.

Eine Wertung bezieht sich immer auf ein subjektiv nachvollziehbares Wertungssystem. Und dies ist je nach Mensch, Einzelerfahrung und Lebenssituation ein anderes. Was zum Beispiel ist für Sie „warm" und was ist „kalt"? Minus fünf Grad sind für einen Eskimo als warm zu bezeichnen, während einem Bewohner am Äquator dabei das große Zittern kommt. Ebenso verhält es sich mit „gut" und „schlecht". Im Grunde gibt es diese Wertung gar nicht, sind beide Aspekte doch nur Ausdruck in unserer polaren Welt für dieselbe Einheit, für die Einsicht. Wo auf dieser Skala von plus und minus sich ein Mensch mit seinen körperlichen Ausdrücken befindet, entscheidet auch hier nur das jeweilige Wertungssystem – und dies ist von Mensch zu Mensch und von Situation zu Situation eben verschieden.

Kann man denn ganz ohne Wertung auskommen? Geht das überhaupt?

Wir neigen alle dazu, uns unserer Bewertungssysteme, die meist aus alten Erfahrungen, übernommenen Werten anderer und den Konsensmeinungen entstanden sind, nicht mehr bewusst zu sein. Dabei sind wir ursprünglich Ausdruck eines nicht-wertenden Bewusstseins. Diese Bewertungen übertragen wir dann ungeprüft auf andere. Erleben wir einen anderen Menschen durch sein Verhalten verbaler und nonverbaler Art, so bewerten wir sofort und ständig nach unseren Systemen. Zunächst gilt es anzuerkennen, das ich ständig Bewertungen anwende.

Nur mit dieser Bewusstheit und der daraus folgenden echten Wahrnehmung können wir uns der Deutung eines körpersprachlichen Geschehens nähern. Bleiben wir sprachlich bei den wahrzunehmenden (Körper)Bildern und beschreiben mit Bezug auf seelisch-geistige Hintergründe das, was wir sehen, dann können wir ohne Bewertung und gar mögliche Schuldzuweisungen uns selbst und unser Gegenüber erkennen.

Wir würden uns allen gut tun, wenn wir Bewertungen relativieren, am besten ganz weglassen würden. Das geht. Was heute für Sie „schlecht" ist, wird sich mit zeitlichem Abstand als „gut" herausstellen. Die folgende Parabel verdeutlicht dies:

Ein armer Bauer hat nur einen wertvollen Besitz, ein Pferd. Eines Tages läuft das Pferd davon. Der Nachbar kommt und beklagt den großen Verlust. Der Bauer hört es sich an und zuckt darauf mit den Schultern: „Ist es gut, ist es schlecht?" Am nächsten Tag kehrt das Pferd zusammen mit einer ganzen Herde von Wildpferden zurück. Der Nachbar kommt erneut und begrüßt über-schwänglich das unerwartete Glück. Der Bauer hört es sich an, zuckt mit den Schultern und sagt: „Ist es gut, ist es schlecht?" Daraufhin bricht sein Sohn sich eines Tages beim Zureiten eines der Wild-pferde ein Bein. Wieder kommt der Nachbar herbei, schimpft über das Unglück und der Bauer ant-wortet mit: „Ist es gut, ist es schlecht?" Ein Krieg bricht aus, der Sohn des Bauern wird als einziger nicht eingezogen, da er untauglich ist aufgrund seines Beinbruches. Der Nachbar lässt nicht lange auf sich warten, eilt herbei und beglückwünscht ihn zu diesem segensreichen Umstand. Der Bauer zuckt die Schultern und antwortet erneut: „Ist es gut, ist es schlecht?"

Wie sieht wertfreies Verhalten aus? Gibt es das überhaupt (schon)?

In Verhalten ausgedrückt bedeutet wertfrei, uns selbst und den anderen respektieren, was übersetzt heißt, *den Blick zurückgeben*. Wir alle sehnen uns nach diesem Respekt, ohne Bewertung nach gut oder schlecht. Er wird auch immer eingefordert. Respekt beginnt bei sich selbst: Können Sie sich so annehmen, wie Sie jetzt gerade sind? Ohne wenn und aber? Nur was wir säen, können wir ernten.

Wer nur den Finger ausstreckt und auf körperlicher Ebene diesen in die deutlich ge-wordene „Schattenseite" eines Menschen oder sich selbst legt, hat das Prinzip nicht verstanden. Denn kein Mensch ist immer im Gleichgewicht, jeder von uns hat seine Unstimmigkeiten, die es gilt zu erkennen, anzuerkennen und zu erlösen.

Was bedeutet „erlösen" in diesem Zusammenhang?

Wo geistige Lernaufgaben nicht bearbeitet werden, gleiten sie in einen seelischen Spannungszustand ab, den wir als Gefühle wahrnehmen können. Wird auch hier nicht gehandelt, kommt das „Bearbeitungsthema" auf der körperlichen Ebene zum Vorschein. Erst der Bezug zur geistigen Ebene, als Möglichkeit des Verstehens und da-mit des notwendigen (die Not wird gewendet) Ausgleichens, hat eine Chance auf ech-te Kommunikation – nach innen und außen. – Jede körperliche Äußerung IST was sie ist: ein Ausdruck seelischen (Un)Gleichgewichts und ein Hinweis auf Anerkennung: des Betroffenen selbst oder eines Gesprächspartners, der als Spiegel fungiert.

Andere Menschen als Spiegel zur Selbsterkenntnis? Was ist dann mit Kritik, Feedback oder Vorschlägen zur Verhaltensänderung?

Was sagt denn bei genauer Betrachtung eine Kritik von einem anderen Menschen aus? Viele Empfänger von Kritik, Feedback oder Hinweisen zweifeln sofort an ihrem Wert. „Ich bin nicht gut genug." Dabei sagt jede Form von Kritik etwas über denjeni-gen, der die Kritik äußert – erkennbar schon in der Art und Weise. Selbst liebevolle Kritik ist eine Selbstauskunft für eigene Vorlieben oder Abneigungen des Kritisieren-den.

„Zurückfüttern" ist ähnlich wie Gänse stopfen: Ist hier tatsächlich eine Rückäußerung gewünscht? Vorschläge sind zumeist genau dies: Schläge. Wie wäre es mit respektvol-ler innerer Haltung *(den anderen sein lassen, wie er ist!)*, die bei Nachfrage zu einem ebensolchen Gespräch führt. Statt immer neue Regeln für Kritik-, Feedback- oder Mitarbeitergespräche aufzustellen, brauchen wir doch nur anerkennend mit-ein-an-der zu reden. Dann kann jeder der Beteiligten seinen Wert behalten, Ergänzungen aufnehmen oder auch abweisen. Es macht keinen Unterschied! Alles, Wort und Körper drücken das ‚Es IST' aus.

Gibt es denn keine gute oder schlechte KörperSprache?

KörperSprache kann nicht bewerten – dies kann nur aus der jeweiligen Situation der oder des Beteiligten geschehen und ist immer subjektiv abhängig von Bewertungssystemen. KörperSprache beschreibt auf der *sichtbaren* Ebene, was *nicht sichtbar* bewegt und kann uns in der Deutung ÜberSetzung der verschiedenen Ebenen sein und damit zur BeDeutung für den Einzelnen werden.

Vor der Interpretation, also Auslegung von KörperSprache, sei damit an dieser Stelle bereits gewarnt. Jeder Interpret eines Musiktitels findet seine eigene, subjektive Auslegung, wird damit aber nur bedingt dem Ausgangsprodukt gerecht – dem einen gefällt, was er da hört, dem anderen nicht. Es geht jedoch nicht um Gefallen, sondern um Wahrnehmung – und in diesem Wort steckt das Wort Wahrheit.

Die wirkliche Chance in der Deutung von KörperSprache liegt weniger in der Betrachtung anderer, sondern in der eigenen. Leider neigen wir zu Projektionen, d.h. Unangenehmes oder Schwieriges wird nach außen, auf andere Menschen und deren (unmögliches!) Verhalten verlagert. Von außen kommt das „unmögliche" Thema irgendwann wieder auf uns zurück: Wer also ein bestimmtes Verhalten eines anderen Menschen als unmöglich, bekämpfenswert oder hinderlich empfindet, kämpft nicht zuletzt mit der eigenen Thematik – wie Innen so Außen.

Jede Situation und jeder Mensch also eine Möglichkeit zur Selbsterkenntnis?

Ja, wenn Sie wollen. Ein jedes Gegenüber, jede Situation wird zu einer wahren Herausforderung an unserem eigenen Schatten zu arbeiten und das heißt Selbst-Erkenntnis. Das Selbst ergibt sich aus dem Bewusstsein und dem Schatten, jenen nicht bewussten Themen, die in die körperliche Ebene abgesunken sind. Unser Körper mit seiner unmissverständlichen Sprache hilft uns dabei auf Schritt und Tritt, diesen Schatten zu folgen und sie anzugehen.

Somit stellt die KörperSprache mit ihren Deutungen immer eine Chance dar, sich selbst und damit andere besser kennen zu lernen, daran zu wachsen und wieder heil (ganz) zu werden. Ohne Bewertungen lassen sich die Wegweiser, die uns der Körper aufstellt, leichter lesen und wir können ihnen besser folgen.

3. Was ist Ursache, was ist Wirkung in der KörperSprache?

Um KörperSprache ganzheitlich zu verstehen und einzuordnen, müssen wir dem kausal waagerechten Weltbild von Ursache-Wirkung noch die Komponente der senkrechten Sichtweise hinzufügen. Die senkrecht übereinander liegenden Ebenen Körper und Seele/Geist können wir mit Außen und Innen bezeichnen.

Der Körper ist die Form, das Außen. Die Seele/der Geist der Inhalt, das Innen. Die Form (der Körper) stellt eine Manifestation der dahinter stehenden seelisch-geistigen Idee dar. Dabei bestimmt auch die so entstandene Form den Inhalt. Somit ist kein Körper und dessen Bewegung ZuFall im gebräuchlichen Sinne, sondern immer ein Resultat seiner seelisch-geistig wirkenden Kräfte (und damit fällt uns die Erscheinung im Außen in der Tat zu). Deshalb dürfen und können wir auch von dem sichtbaren, erfahrbaren Äußeren auf das nichtsichtbare Innere schließen und es dadurch erkennen.

Es gibt aber auch tatsächliche äußere Ursachen! Schlechte Haltungen, die durch langes Sitzen entstehen oder Augen, die durch stundenlange Bildschirmarbeit ermüden, oder?

Normalerweise (= der Norm entsprechend, als Gegensatz zur Natürlichkeit) neigen wir dazu, Erscheinungen des Körpers nur auf der, meist materiellen Kausalebene zu erklären, wie in folgendem Beispiel:

Sie sitzen seit 50 Minuten in einem Meeting. Sie verändern Ihre Sitzposition häufig, weil der Stuhl unbequem geworden ist. Davon spürten Sie zu Beginn des Meetings jedoch noch nichts. – Fällt Ihnen auf, welche Unlogik in diesem Beispiel steckt? Wieso kann ein Stuhl für möglicherweise 50 Minuten bequem gewesen sein, um nun plötzlich das Gegenteil darzustellen? Entweder ist der Stuhl von Anfang an ungeeignet oder es muss eine andere Erklärung geben.

Aus dem senkrechten, körperlich-seelischen Bezugssystem ergäbe sich daraus die Fragestellung: Welche (geistige) Situation ist mir unbequem geworden? Statt durch eine entsprechende Äußerung („Ich brauche dringend eine Pause!") wieder für Balance zu sorgen, lassen wir nur zu gerne dieses Thema wieder auf die körperliche Ebene gleiten und machen somit den Stuhl für unsere Lage verantwortlich.

Die „schlechte" Haltung sei ebenso hinterfragt: Was drückt mich (nieder) und lässt meine Aufrichtigkeit (= aufrecht sitzen) zusammen fallen? Die Augen drücken bei genauer Betrachtung eine andere, eine geistige Müdigkeit aus: Mag ich noch weiterhin auf diesen Bildschirm, auf das damit verbundene Arbeitsthema blicken oder ist es mir lästig (= Last)? Was mag ich an Inhalten nicht mehr anschauen oder wo möchte ich viel lieber hinschauen und „scharf", d.h. wach sehen?

Wenn hinter jeder Erscheinung des Körpers eine geistig-seelische Ursache liegt, „verdeuteln" wir uns da nicht, wenn wir ständig alles hinterfragen?

Unser einseitiges, horizontales Denken und das Vernachlässigen der Unterscheidung und richtigen Zuordnung von Form und Inhalt sind sehr bequem. Können wir doch immer wieder äußeres Geschehen, Gegenstände und noch besser andere Personen verantwortlich für unsere Beschwerden machen. Aber so machen wir uns das Leben und unsere Kommunikation schwer – denn die Verantwortung kommt früher oder später doch auf uns zurück! Und warum sie nicht gleich annehmen?

Ein glückliches und erfülltes Leben kann nur ein hundertprozentig verantwortlicher Mensch leben – vermeintliche Opfer fühlen sich macht- und kraftlos, da sie am Außen nur bedingt etwas ändern können. Im Inneren sind wir jedoch „Herr im eigenen Haus" (oder sollten es sein) und können in jedem Augenblick unsere Wahrnehmungen, Urteile oder Gewohnheiten ändern – wenn wir es wollen! Wir alle wählen unsere eigenen Erfahrungen.

Hundert Prozent Verantwortung für mein Leben? Das geht doch gar nicht!

Verantwortung heißt dabei, die für mich richtige, eigene Antwort zu geben und sich nicht vor ihr zu drücken. Ansonsten drückt es dann wieder im Körper und der ist ja inzwischen recht leidensfähig geworden. Wir sind, durch unser Denken und Handeln, aber ebenso durch unsere Wertungen, die alleinigen Schöpfer unserer eigenen Welt. Jeder hat daher seine eigene Realität. Wir verkörpern unsere Vorstellungen und machen auf der Bühne des Lebens ebendies: eine Vorstellung. Dabei sind wir Hauptperson, rufen unsere Mitspieler nach der Regel des Resonanzgesetzes auf diese, unsere Bühne und führen Regie in Personalunion. Es gibt nichts außerhalb meines Selbst.

Was hindert uns denn daran, diese Verantwortung zu übernehmen?

Unser Körper stellt unser gesamtes seelisch-geistiges Potenzial dar, ebenso auch die verzweifelten, oft lebenslangen Versuche der Unterdrückung bestimmter, scheinbar unliebsamer Themen. Dies kostet uns viel Energie (= Lebenskraft), die wir bei genauer Betrachtung sinnvoller verwenden könnten. Jeder Formaspekt unseres Körpers gibt uns Hinweise auf unsere seelisch-geistige Bestimmung und unseren Umgang damit.

Kein anatomischer Körperbau, keine Gesichtsphysiognomie, keine körpersprachliche Ausdrucksform entsteht ohne eine entsprechende seelisch-geistige Idee. Jeder von uns hat diese Ideen oder Bilder, ob nun bewusst oder unbewusst. Spätestens im Ausdruck der Form (Körper) lassen sich diese ablesen. Sie alle dienen uns, Erfahrungen ganz besonderer, einzigartiger Weise zu machen.

Wenn uns die Form nicht gefällt, dann sollten wir nicht die Bühne wechseln, sondern besser den Inhalt umschreiben, der dann aufgeführt wird. Leider hat sich in unserer heutigen Welt ersteres Vorgehen weit verbreitet – scheinbares Entrinnen: ein Trugschluss. Der Körper spricht auch von diesen Versuchen (sprachlich liegt hier die Versuchung nahe!) und bleibt unser ehrlichster Begleiter (... und hier versteckt sich der Leiter!) ein Erdenleben lang.

Und was ist mit funktionalen Störungen des Körpers?

In jedem körperlichen Verhalten und daraus resultierenden Kommunikations-Verhalten werden funktionale Ursachen zu finden sein. Aber auch immer eine Sinnursache auf seelischer Ebene mit dem Ziel der geistigen Bewusstmachung.

Es gibt reichhaltige Literatur zum „Übersetzen" von so genannten Krankheiten (es gibt nur eine Gesundheit, demnach auch nur Krankheit in verschiedenen Erscheinungen), die es sich lohnt anzuschauen (vgl. die Literatur von Rüdiger Dahlke).

Was ist mit unserer Vergangenheit – sie hat uns doch geprägt und lässt uns heute so sein, wie wir sind. Lassen sich diese Gründe und Ursachen denn „wegdenken"?

Fragen wir nach den Bedeutungen von körpersprachlichen Erscheinungen und Ausdrucksformen, so können wir kausal vorgehen und damit unsere Vergangenheit als Ursache angeben. Natürlich finden wir auch hier Teile unseres seelisch-geistigen Musters wieder, welches sich als Kind genauso wie als Erwachsener ausdrückt. Nur handelt es sich auch bei Vergangenheitserscheinungen immer um eine Ausdrucksform der analogen Symbolik.

Es ist egal, ob wir Eltern, Geschwister oder Lehrer als Projektionsfläche unserer unbewussten Seelenmuster benutzen oder später Arbeitskollegen, Partner oder fremde Menschen. Die UrSache liegt in dem Menschen und nicht in den äußeren Bedingungen. Daher bitte auch nicht ver*urteilen*! Das Ur zu teilen heißt, nur einen Teil zu betrachten und wahrhaben zu wollen.

Und wo wollen Sie mit der Ursachensuche und -begründung aufhören? Es gibt immer eine Ursache der Ursache; Sie können Jahrzehnte, Jahrhunderte und Äonen zurückgehen und würden immer wieder neue Ururursachen für die Ursachen finden. Nützt und ändert das etwas? Um sich seiner jetzigen Verantwortung zu entziehen und ins Opferdasein zu gehen, ja. Das Thema bleibt und wird sich immer wieder aufdrängen, meist in verstärkten Situationen. Quasi Nachhilfe des Lebens.

Können Sie das bisher Gesagte noch einmal zusammenfassen?

1. Bei der Deutung und Übersetzung von KörperSprache (und vielleicht nicht nur da) sollten wir auf die kausalen Zusammenhänge im Außen verzichten. – Selbstverständlich gibt es immer eine Fülle von diesen, meist vergangenheitsbezogenen Ursache-Wirkung-Erscheinungen, die zur Verwirklichung des seelisch-geistigen Themas beigetragen, sie jedoch aber nicht verursacht haben. Um den Inhalt zu deuten und zu erkennen, ist es nur wichtig, dass es jetzt und hier so ist, nicht, warum es ist und wie es sich verwirklicht hat.

2. Es ist wichtig, sich bei der Deutung der KörperSprache den Zeitpunkt des Auftretens von bestimmten Haltungsänderungen, Bewegungen, Spannungszuständen und dergleichen anzusehen. Nicht die Frage nach der zeitlichen Vergangenheit und Entwicklung ist wichtig, sondern wann tritt eine Bewegung auf. Denn davon hängt der Bezugsrahmen ab, in welchem wir unsere Deutung zur BeDeutung machen. Welche Gedanken, Assoziationen, Ereignisse im Außen und Worte von Dritten waren der zeitliche Auslöser für eine körperliche Regung?

3. Der genaue und lauschende Umgang mit der Sprache empfiehlt sich. Eine Menge von Worten und Wortzusammenstellungen beinhalten neben der geistigen Information auch den entsprechenden Bezug zum körperlichen Dasein. – Aus der Evolution heraus ist dies auch gar nicht verwunderlich: Alles, was wir leiblich erfahren und begriffen haben, konnten wir auf der höheren Ebene benennen und aus dem ursprünglichen Verständnis auch abstrahiert verstehen. Wir kommen – vom Säugling bis zum Greisenalter – somit dem geistigen Prinzip immer näher. Wir können uns damit eine Verbindung schaffen, die jedoch meist als Verbindlichkeit auch gescheut und gerne umgangen wird. Das Erkennen des Prinzips hinter allem Materiellen führt uns vom Körper über die Seele zum Geist – und in unserer Sprache jonglieren wir ständig zwischen diesen Ebenen hin und her.

4. Nur wer ein Ohr für diese Doppeldeutigkeiten hat, wird die Analogie in allem körperlichen Geschehen verstehen können. Es lohnt sich, das zu üben!

Gibt es eine Möglichkeit, das „Hören" selber auszuprobieren? Kann man es üben?

Jederzeit! Hören Sie einfach auf Ihre eigenen Worte. Frei nach dem Motto: „Woher soll ich wissen, was ich denke, bevor ich höre, was ich sage!" Oder machen Sie folgende Übung:

Stellen Sie sich vor einen Ganzkörperspiegel und beschreiben Sie mit lauten Worten, was Sie sehen und damit, wie Sie sich selbst sehen. Um Ihre ganz persönliche Analogie zu Ihrem Seelenmuster herzustellen, brauchen Sie nur genau hinzuhören.

Meinen Sie, dass Sie zu klein, zu dick, zu hässlich, zu unproportioniert sind? Oder mögen Sie Ihre Augen, den runden Gluteus (Po), die abstehenden Ohren nicht?

Wie können Sie von anderen verlangen, dass man Sie so akzeptiert, wie Sie nun einmal sind, wenn Sie sich selber für eine „Zumutung" halten?

Immer, wenn Sie sich selber nicht annehmen können wie Sie sind, können Sie dies auch nicht mit anderen. Sich öffnen, also verletzbar sein, schon gar nicht. Immer wird die innere Stimme (Angst) erzählen: „Wenn der andere diesen dicken Bauch, diese Narbe, diese Schwäche sieht, wird er dich nicht mögen und du erfährst Zurückweisung." *Wer* mag die Schwächen nicht, *wer* weist sich selber zurück und projiziert dies lediglich auf andere? Meist sogar ungeprüft. Wir folgen also dem Muster:

Annahmen
Nicht
Geprüfter
Situationen &
Tat-Sachen

Angst bedeutet Enge (lat.: angus) und verweist somit auf den bestehenden Engpass in unserem Inneren. Das Thema wieder fließen zu lassen bedeutet: sich zu öffnen und zu regen – regen Sie sich also mal wieder (über sich selbst!) auf!

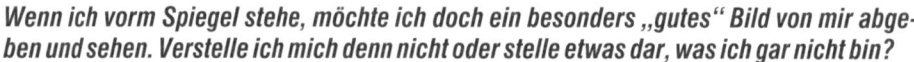

Wenn ich vorm Spiegel stehe, möchte ich doch ein besonders „gutes" Bild von mir abgeben und sehen. Verstelle ich mich denn nicht oder stelle etwas dar, was ich gar nicht bin?

Alles, was ich durch meinen Körper ausdrücken, darstellen kann, ist ein Aspekt von mir, meinem Selbst. Inwieweit ich diesen oft lebe oder mit ihm vertraut bin, an ihn gewöhnt (*gewohnt = wir wohnen darin*) bin, liegt nur an der Häufigkeit der Verwendung und des Bewusstseins. Jeder Mensch hat alle Aspekte zur Verfügung, nutzt jedoch nur einige. – Allein das aufmerksame Anschauen des Körpers macht bereits bewusst. Und sobald etwas erkannt ist, wird auch meist der Wunsch nach Veränderung laut – aber Vorsicht! Hier liegt dann meist eine schon vollzogene Bewertung vor, die zu dem Urteil geführt hat: Diese Haltung oder der Ausdruck ist schlecht und muss weg. Nur schaffen wir mit dem Kampf gegen etwas wieder neue Unterdrückung und damit einen Schatten. Das Erkennen heißt, etwas zu bejahen und anzunehmen, zu integrieren, nicht es so schnell wie möglich wieder loszuwerden.

Erst wenn ich etwas integriert habe, zum Beispiel die Neigung, alles kontrollieren zu wollen (Ausdruck hierfür sind u.a. ständig angespannte Hände) und mir im Klaren (= Bewussten) darüber bin, dass ich das tue und es auch seinen Nutzen hat, kann ich dazu übergehen, diese Neigung aus seinem Extrem zu erlösen. Dabei kommt es oft zu einer entgegengesetzten Pendelbewegung: das heißt, wir neigen zum anderen Extrem. Lineares Denken bringt diese Pendelbewegungen hervor. Auch wenn dies nur natürlich ist (zumindest in der Dualität), da die Kraft, die eine Richtung hervorgebracht hat, sich in der gegensätzlichen Polarität erst einmal wieder finden will, können wir mit BewusstSein auch die Mitte ausmachen. Diese gilt es dann zu erfahren und zu leben. Das nennt man dann ausgewogen, in der Mitte ruhend. Aus der Mitte können wir alle Richtungen in unserem Leben erschaffen, ohne Anstrengung, ohne Last, nur aus Lust. Statt zielgerichtet, linear gehen wir radial, möglichkeitsorientiert vor.

Veränderung heißt demnach Neuerschaffen?

Um Änderungen, die aus diesem Prozess entstehen zu unterstützen, ist es möglich, vom Innen als auch vom Außen vorzugehen. Nur beide Ebenen zusammen schaffen wieder ein authentisches Ganzes. Somit ist es auch nicht möglich, „einfach" nur die KörperSprache zu verändern, um ein vielleicht „besseres" Erscheinungsbild für die Außenwelt darzustellen.

Fehlt die Innerlichkeit, wird auch hier unser Körper zum „Verräter", denn er wird durch Überspannungen und unrhythmische Bewegungen unseren Täuschungsversuch entlarven.

Anerkennung, Integration und Loslassen ergibt eine neue Wahlmöglichkeit! So wie im Körper jede Minute etwa ca. 2.000 neue Zellen entstehen, kann ich jeden Augenblick entscheiden, was ich ausdrücken will, wer ich sein will und wie ich handeln will. Nur meine selbst auferlegten Begrenzungen („Das geht nicht, das kann ich nicht!"), Wertungen („So kann ich doch nicht sein!") oder nicht durchschauten Muster („Das darf man nicht!") lassen mich festhalten und irgendwann erstarren (= Alt werden) in einem Sosein.

4. Welche Regeln gibt es?

a) Die Deutung von KörperSprache erfordert das Denken im analogen Geschehen – alles geschieht gleichzeitig und die Ebenen von Geist, Seele und Körper sind als senkrechte Entsprechungsebene zu sehen. Jeder körperlichen Ausdrucksform entspricht ein seelisch-geistiges Prinzip.

b) Der Körper kennt nur HIER und JETZT. Der Zeitpunkt einer Verhaltensänderung körperlicher Art ist nicht von der Vergangenheit geprägt, sondern von momentan auftretenden inneren wie äußeren Auslösern, wie z.B. eigenen und fremden Gedanken, Gefühlen, Assoziationen und äußeren Aktionen.

c) Sprache beschreibt und übersetzt in ihrer Doppeldeutigkeit geistige und materielle Bedeutungen der KörperSprache.

d) Bitte deuten Sie niemals einzelne Signale, Worte, Vokabeln. Erst der gesamte „Satz" ergibt den Sinn – einzelne Vokabeln sind ohne Kontext bedeutungslos. Erst aus Situationen, beteiligten Personen und der verbalen Sprache ergibt sich ein Gesamtsatz. KörperSprache beschreibt seelisch-geistige Aktionen.

e) KörperSprache bewertet nicht. Es gibt daher keine „richtige" oder „falsche" KörperSprache. KörperSprache IST.

5. Welche Vokabeln gibt es in der KörperSprache zu lernen?

Soweit zur „Grammatik" der KörperSprache. Wie sieht es mit „Vokabeln" aus? Warum müssen wir sie lernen, wenn es sich doch um unsere UrMutterSprache handelt?

Wir haben sie schlichtweg vergessen, oder genauer, die Vokabelkenntnisse sind ins Unbewusste abgesunken. Kinder haben noch einen klaren Zugang, durchschauen sie doch oft Unstimmigkeiten bei Gesagtem („Du gehst jetzt ins Bett!"), wenn diesen Aussagen anderslautende körperliche Ergänzungen (leichtes Achselzucken, Ansatz eines Schmunzelns = „Es kommt nicht auf ein paar Minuten an, ich meine es selbst nicht hundertprozentig.") folgen. In diesem Fall beginnen Kinder eine Verhandlung. Bei Eindeutigkeit brauchen Eltern oft kein Wort zu sagen – die Botschaft wird non-verbal sofort verstanden und unumstößlich akzeptiert.

Doch ab der Pubertät, in der verbales und non-verbales Wissen sich etwa die Waage halten – beide Elemente sind für die ersten Paarbindungsversuche von entscheidender Wichtigkeit! –, verlieren wir zunehmend den bewussten Zugang zu den körpersprachlichen Signalen und wenden wir uns mehr den verbalen zu. Dann heißt es Wiedererlernen, auffrischen, ins BewusstSein holen (Bewusstsein = im Wissen sein).

Können Sie uns einen kleinen Überblick zu den Vokabeln geben?

KörperSprache ist eine komplexe Einheit aus Haltung, Gang, Mimik, Sitzhaltungen, Gestik und Territorialverhalten. Hier die Kurzinhalte und Bedeutungen der „Vokabeln" im Überblick:

Haltung → Die innere Haltung entspricht der äußere Haltung:
- Geistige Standpunkte entsprechen den Beinstellungen.
- Geistige Flexibilität entspricht den Kniespannungen.
- Das Ego wird verkörpert im Unterbauch.
- Der LebensEnergieEinsatz wird im Brustkorb deutlich.
- Belastbarkeit drücken die Schultern aus.
- Geistige Anschauungen entsprechen den Kopf-/Halshaltungen.
- Das Schutzbedürfnis wird im Flankenschutz ausgedrückt.
- Handlungsbereitschaft äußert sich in Arm-/Handhaltungen.
- Rationale und emotionale Aktivität zeigt sich in Links-/Rechtspriorität.

Gang → Der Gang spiegelt den Gang durchs Leben in:
⋯⟩ geistigen Denkschritten durch physische Schritte;
⋯⟩ Sicherheitsbedürfnissen durch Schrittlängen und Fußbewegungen;
⋯⟩ Herangehensweisen durch die Dynamik des Ganges;
⋯⟩ Umgang (mit anderen) durch Tempo und Variationsvielfalt.

Sitzhaltung → Aktuelle Reizaussendung und Beantwortung:
⋯⟩ Ursprüngliches männliches (Imponier)Verhalten und weibliches (Standes)Ver-
halten kommen zum Ausdruck.
⋯⟩ Geistige Haltungen entsprechen den Sitzhaltungen.
⋯⟩ Geistige Veränderungen drücken sich in Sitzhaltungsänderungen aus.
⋯⟩ Geistige Informationsaufnahme ausgedrückt in Sitzpositionen.

Mimik → Analogie zu physiologischen Reaktionen von:
⋯⟩ Augen: Informationsaufnahme oder -ablehnung;
⋯⟩ Mund: Aufnahme und Geschmack von Informationen;
⋯⟩ Nase: Prüfinstanz für Informationsauf- und -abgabe.

Gestik → Redeergänzungen zum gesprochenen Wort durch:
⋯⟩ beschreibende Gestik;
⋯⟩ vereinbarte Zeichen;
⋯⟩ Fingerbedeutungen in Bezug zur Persönlichkeit und deren momentane Äußerungen.

Territorien → Distanzzonen und Sicherheitszonen des Körpers/Menschen:
⋯⟩ Schutz- und Einlass-Signale;
⋯⟩ Markierungsverhalten durch Gegenstände und Ordnungssysteme;
⋯⟩ Zeitvereinbarungen als Respekt des LebensZeitRaums;
⋯⟩ Wissensräume als geistige Territorien.

6. Was erzählt die Haltung eines Menschen?

Schaut man sich die Haltungen von Menschen genauer an, gibt es eine Fülle von verschiedenen Möglichkeiten und Formen. Kann man hier überhaupt eine Systematik erkennen?

Menschen sind einzigartig, jeder auf seine einmalige Art. Und (fast) jeder Mensch ist verrückt. Das meine ich im wahrsten Sinne des Wortes: Die meisten sind aus der Mitte *gerückt!* Menschen bemühen sich „normal" zu sein und widersprechen damit ihrer ureigensten, innewohnenden Natur, ihrer Natürlichkeit und Andersartigkeit.

Genau diese Versuche, die Norm zu halten, sprechen in der Haltung von den meist missglückten Versuchen in Form von Persönlichkeitsmerkmalen. Persönlichkeit ist dabei die jeweilige Rolle, das Sosein eines Menschen. Nicht nur unsere Gesichter, mit den sich in zunehmendem Alter immer weiter prägenden Zeichnungen, zeigen deutlich die Spuren unseres bisherigen Daseins, sondern auch die gesamte Haltung verändert sich unaufhörlich, Tag für Tag. Nur sind unsere Wahrnehmungen hier nicht sehr genau. Erst der Hinweis einer Person, die wir eine Zeit lang nicht gesehen haben, oder die Betrachtung alter Fotos geben uns Hinweise.

Wie aber sah eine ursprüngliche, ausgeglichene innere wie äußere Haltung aus, bevor sich durch unser Denken, Leben und Erleben die verschiedenen Neigungen und Überbetonungen entwickelt haben?

Eine gerade, aufrechte Haltung entspricht einer inneren Ausgeglichenheit und Aufrichtigkeit. Wer kann schon immer von sich sagen, dass er aufrichtig, ehrlich und stets ausgewogen ist? Dazu gehört viel Mut, seinem Selbst wahrhaftigen Ausdruck zu geben und den jeweils aktuellen Normen somit nicht zu entsprechen. Zu groß ist die Angst, nicht dazu zu gehören, anders (eben!) zu sein, nicht geliebt zu werden (statt sich selber zu lieben!). Eine ideale, aufrechte Haltung werden wir nur bei Menschen finden, die sich selbst lieben, daraus ihre Anerkennung gewinnen und nicht angewiesen sind auf äußere. Sie kann ggf. das Sahnehäubchen sein, niemals aber der Kuchen. Menschen, die sich selbst erkannt haben, brauchen keine Normen von Außen, sondern leben sich jeden Augenblick, wie sie gerade sind. Kleine Kinder tun dies auch.

Die aufrechte Haltung, als Ausdruck einer ebensolchen Haltung im Inneren, sieht so aus:

Abb. 1: Aufrechte, gerade Haltung

Bei einer ursprünglich geraden Haltung stehen die Beine hüftbreit auseinander, die Füße zeigen geradeaus. Das Becken befindet sich in der Mitte. Die Aus- und Einatmung ist gleichmäßig, so dass der Oberkörper weder gebläht noch eingesunken erscheint. Die Schultern sind gerade, Hals und Kopf stehen in einer Linie zur Wirbelsäule. Die Arme sind seitlich am Körper und die Handinnenflächen zeigen zum Körper. Hier steht ein Mensch, der innerlich und äußerlich ausgeglichen, harmonisch und in der Mitte ruhend den Dingen gelassen entgegenblicken kann und jeder Zeit jede Aktion durchführen kann. Nichts blockiert ihn, nichts hindert ihn, alles ist möglich.

Nach der Hirndominanzlehre (HDI) kommen auf der rechten Körperhälfte die Logik, die Sprachsteuerung, digitales, lineares Denken sowie die Analysefähigkeit zum Ausdruck. Auf der linken Körperhälfte drückt sich die Fähigkeit der rechten Hirnhälfte aus. Hierzu gehören analoges Denken, Symbolik, Intuition und Ganzheitserfassung. Die Zuordnung der entsprechenden Gehirnfunktionen im Körper ist diametral, da eine Nervenbahnkreuzung im 5. Halswirbel stattfindet.

Nach 1995 haben Neurobiologen jedoch herausgefunden, dass im Grunde das gesamte Gehirn emotional funktioniert. Emotion heißt übersetzt „Inner Motion = innere Bewegung". Nach diesen Erkenntnissen wird die rechte Gehirnhälfte aktiv, wenn Probleme gelöst werden sollen, zu denen es noch keine Muster und Regeln gibt. Sind neue Regeln gefunden, werden diese an die linke Hirnhälfte exportiert. Dort sitzt meist das Sprachzentrum, welches über die Regeln der Sprache verbalen Ausdruck ermöglicht (vgl. Hans-Georg Häusel: *Brainscript*. Planegg 2005).

Beide Erkenntnisse gehen jedoch von Spezialisierung der Gehirnhälften und der Zuordnung zu den beiden Körperhälften aus. Wenn demnach beide Gehirnhälften und somit Neues und Regelhaftigkeit in Harmonie miteinander stimuliert werden, sind beide Gehirnhälften synchronisiert.

Wie kann ein Mensch einen ausgeglichenen Standpunkt einnehmen und vertreten?

Hören Sie einmal auf Ihre eigene Frage! Die Frage ist die Antwort. Fragen Sie nach dem geistigen oder physischen Standpunkt, den wir einnehmen? Zum geistigen Standpunkt haben wir im Körper natürlich die Entsprechung: Wie stehen die Füße (der Punkt, an dem wir stehen), wie (ver-)trete ich somit meinen (geistigen) (Stand-)Punkt im Außen?

Haben Sie schon einmal bewusst darauf geachtet, wie einige Frauen oft ihren Stand-Punkt vertreten? Nein, nicht wie sie dies verbal in den unterschiedlichsten Formen tun, sondern wie die Wirkung der Argumentation auf Sie bei bestimmten äußerlichen Entsprechungen war? Da bemüht sich eine Frau im Gespräch mit ihrem männlichen Gegenüber um noch so treffliche Argumente – und wie kommt „sie" bei „ihm" an? Betrachten Sie das nachfolgende Bild genauer, so sehen Sie, was hier an Standfestigkeit gegenüber dem Mann fehlt:

Abb. 2: Mann/Frau Standpunkt

Die Frau nimmt nur minimal den ihr zur Verfügung stehenden Raum ein und „verschenkt" den ihr angemessenen und zustehenden! Diese Wirkung nimmt nicht nur der Empfänger der Botschaft auf, sondern sie hat auch Konsequenzen bei der Senderin selbst: Sie hat sicher nicht das Gefühl, fest zu ihren Argumenten stehen zu können und wird schnell bei Gegenargumenten umfallen! – In der „Paarbindung" ist dies ein Näherungsangebot. Die Frau signalisiert Unsicherheit für die eigene Position und bittet damit um Schutz. Dabei gibt sie gleichzeitig den Raum zur Annäherung frei. Dieses Verhalten bei z.B. geschäftlichen Begegnungen, mit dem Ziel den eigenen geistigen Standpunkt klar zu machen, die Argumente zu vertreten und zur eigenen Meinung zu stehen, hat eher gegenteilige Wirkung.

Anders dagegen viele Männer: Sie nehmen viel Raum in Anspruch und bringen damit zum Ausdruck: „Ich habe auch geistig das Sagen." Sie haben damit also auch den Anspruch auf Dominanz ihrer Ideen.

Können Sie uns ein Beispiel für einen „männlichen" Standpunkt geben?

Haben Sie Lust, die Frage durch ein Experiment selbst zu beantworten? – Versuchen Sie bitte, jemanden in der oben beschriebenen, breitbeinigen Haltung von seinem Stand-Punkt wegzubewegen. Lassen Sie einen Mann diese Haltung einnehmen und stoßen sie ihn von allen Seiten kräftig an. (Geistige *Anstöße* entsprechen dem körperlichen Verhalten!)

Merken Sie, wie Ihre eigene Kraft zum Widerstand im gesamten Körper des Empfängers benutzt und umgekehrt gegen Sie gerichtet wird? Die Starrheit, die Sie sehen und erleben können, werden Sie auch im Gespräch, als Ausdruck dieser seelisch-geistigen Haltung wieder finden.

Hinter diesem Raumanspruch steht jedoch ein inneres Bedürfnis nach Sicherheit aus Angst vor Anspruchsverlust – physisch wie mental –, denn diese Art und Weise sich darzustellen bringt Festigkeit. Jedoch muss hier auf Kosten der Beweglichkeit und damit des geistigen StandpunktWechsels diese Übertreibung energetisch und geistig „bezahlt" werden. – Sagt man Frauen zuweilen nach, dass sie sprunghaft seien, so ist dies körpersprachlich aus der bevorzugten Standpunktwahl richtig. Sie können sich schneller auf neues (körperliches wie geistiges) Gebiet einlassen. Männer dagegen gelten als standhaft – sie haften eben auch mal zu lange an ihrem Standpunkt. Die Medaille hat immer zwei Seiten! Erst die Mitte ergibt die dritte Möglichkeit.

Und wir erreicht man die „Mitte" im Denken und beim Vertreten des eigenen Standpunkts?

Jedem Menschen – unabhängig vom Geschlecht – steht ein angemessener Raum zu. Innen wie außen. Jeder hat ein Geburtsrecht, seinen Standpunkt zu vertreten, angemessen, in seinem ureigenen Maß. Dies ergibt sich aus der Hüftbreite, von wo aus die Beine eine Senkrechte zum Boden bilden. Die daraus folgende geistige Bedeutung heißt: Wer zu sich steht, verschenkt keinen Raum; wer wahrhaft sicher ist, braucht keine Sicherheit auf Kosten der (geistigen) Räume anderer.

Meditieren Sie einmal darüber und werden Sie sich Ihrer eigenen Tendenzen, vielleicht nur in besonderen Situationen, bewusst. Anerkennen, akzeptieren und loslassen. Dann probieren Sie doch beim nächsten Gespräch bewusst Ihren äußeren Standpunkt zu „mitten", angemessen zu machen – und staunen Sie!

Ohne die Füße ist der Standpunkt aber nicht komplett. Was erzählen Fußstellungen?

Glauben Sie den Füßen eines Menschen manchmal mehr, als seinem gesprochenen Wort ... Die Füße und die damit in Teilen verbundene Vorwärtsbewegung (Gang) zeigen uns die Richtung unseres Denkens und Handelns an. Sie informieren darüber, inwiefern wir zielbewusst, risikobereit, labil oder zurückhaltend sind.

Jede Be*haupt*ung fußt auf einer Begründung: Verstand und Welt-Verständnis beruhen unüberseh(hör)bar auf dem Bodenkontakt der Füße und deren ZielRichtung.

Eine stabile, authentische Persönlichkeit steht mit beiden Füßen, gerade nach vorne (in die angestrebte Richtung) auf der Erde, sie weiß wo „es" hingeht und hat somit einen begründeten Realitätssinn. Entscheidungen, die getroffen sind, werden geradlinig verfolgt – vielleicht manchmal auch zu gerade ...

Falls Sie Skifahrer sind, können Sie sich das (innerliche) Desaster vorstellen, was aus einer Fußhaltung resultiert, bei der die Füße nach innen gerichtet werden: Der „Schneepflug" als stetige Bremse und der damit verbundenen Angst, zu schnell auf unbekanntes (geistiges) Gebiet zu gleiten, wird hiermit symbolisiert. Diese Person hat sicher gute Vorsätze, nur in der Umsetzung muss geduldig auf die vielen „Wenn" und „Aber" *Rücksicht* genommen werden.

Das andere Extrem: Beide Füße werden weit nach außen gerichtet. Wir wissen, dass auf der rechten Körperseite die regelhaften und auf der linken Körperseite die neuartigen Gehirntätigkeiten zum Ausdruck kommen. Steht (und läuft) jemand mit extrem nach außen zeigenden Füßen, so wird sein Handeln innerlich von beiden widerstrebenden Polen beherrscht: Er weiß, dass dies jetzt notwendig ist, möchte aber doch gleichzeitig ganz anders und neu entscheiden. Die Konsequenz: Er ist leicht unentschlossen und braucht Zeit, um die beiden Entscheidungsebenen zu vereinen. Und kaum ist die Konzentration gelungen, droht auch schon wieder eine neue Ablenkung.

Kann die Fußausrichtung denn auch von den körperlichen Gegebenheiten stammen oder aus Gewohnheiten?

Wie schon oben erwähnt, ist die Fußausrichtung Ausdruck unserer geistig-seelischen Verfassung. Natürlich haben wir auch geistige Gewohnheiten! Wir sind ihnen jedoch nicht ein Leben lang ausgeliefert. Beobachten Sie in diesem Zusammenhang einmal Pubertierende. Besonders „Jungmännchen" haben oft auswärtsgerichtete Füße beim Stehen und Gehen: Ihnen ist noch nicht so richtig klar, wo es im Leben denn hingehen soll!

Ein anderes Beispiel: Gehören Sie zu dem eher geradlinigen, zielstrebigen Typ (wobei Sie sich selber irgendwann zu dieser Haltung entschlossen haben!) und müssen mit dem eben beschriebenen Naturell (vielfältig, aber schwer zu konzentrieren) zusammenarbeiten. Machen Sie sich darauf gefasst, dass Sie längst an der gemeinsam getroffenen Entscheidung ge*zielt* arbeiten, während Ihrem Partner immer wieder etwas „Neues" einfällt und er wahrscheinlich noch nicht mit dem Projekt begonnen hat – was Sie aber nun wiederum gar nicht verstehen können ... Ein Blick auf seine Füße hätte Ihnen dieses Verständnis bereits im Voraus geben können und das Missverständnis vermeiden helfen.

Die meisten Menschen sind jedoch Mischtypen: Steht der rechte Fuß geradeaus, der linke jedoch leicht auswärts, lässt sich übersetzen: In seiner „regelhaften" Ebene wird dieser Mensch genau wissen, was und wie er etwas möchte. Immer wieder wird jedoch seine „neuartige" Seite aus der „Reihe tanzen" und er damit den Boden der Tatsachen verlassen wollen – sein linker Fuß zeigt zu sehr auswärts und da geht's eben mit den Gefühlen hin und her und manchmal mit ihnen auch durch!

Gibt das Knie auch Auskunft über geistige Besonderheiten?

Was sonst! Die Knie als Scharniergelenk sind auf der rein funktionalen Körperebene zum Beugen und Strecken vorgesehen. In der seelisch-geistigen Entsprechung stehen sie daher auch für das „Sich-Beugen-Können", z.B. für andere Ansichten und Meinungen, sowie im anderen Fall für die Starrheit (ständige Überstreckung).

Argumente, die starr vertreten werden, wo keine geistige Beweglichkeit zum Ausdruck kommt, sind immer mit durchgedrückten Knien verbunden. Die Unbeugsamkeit wird somit verkörpert. Kaum, dass wir innerlich das Gefühl haben, den Boden unter den Füßen und damit den uns zustehenden Anspruch auf Durchsetzung unseres Standpunktes zu verlieren drohen, drücken wir die Knie starr durch. „Jetzt kann mich keiner mehr von meiner Haltung abbringen – ich verteidige meine Stellung! Basta!" Nur ist hier das eigentliche Thema, sich nämlich geistig aggressiv und abgrenzend zu verhalten, wieder einmal auf die Körperebene abgesunken! Es kostet viel Energie, und manchmal sogar den Meniskus, ständig in dieser Verteidigungsstellung bereit zu sein – stattdessen könnten wir die Energien dort einsetzen, wo sie wirklich sinnvoll hingehören.

Knie stehen außerdem in einer Muskelschlinge mit Becken, Schulterblättern und Hals in unauflöslicher Verbindung. Das Durchdrücken der Knie lässt den gesamten Oberkörper mit erstarren. Probieren Sie es jetzt gleich einmal aus! Spüren Sie die Ver- und Anspannungen entlang der genannten Linie? Bei einer solchen Daueranspannung und -haltung spricht man zurecht von „*Halsstarrigkeit*". Der Volksmund ist weise.

Füße, Beine, Knie – was ist mit dem Becken?

Hier befindet sich das Zentrum des Antriebs – das Ego. Ausgehend von dem im Beckenraum hauptsächlich ansässigen, physischen Bereich des Darms, können wir auf die analoge Übersetzung folgern. Der Darm ist zuständig für die Verdauung: Was zu mir gehört, was gebraucht wird, wird behalten und in Energie und Materie umgewandelt – was überschüssig und manchmal auch über*flüssig* ist, wird ausgeschieden. So wie im Darm materielle Eindrücke verarbeitet werden – im Gegensatz zum Gehirn, welches eine ähnliche Struktur aufweist, jedoch für die geistigen, immateriellen Verarbeitungen zuständig ist –, liegt die Analogie dieses Bereiches eben darin: das Lebenswichtige aufnehmen, das Überflüssige loswerden. Meine Wünsche und Bedürfnisse befriedigen.

Der Bauch ist schließlich auch Vorratskammer und zeigt die materiellen Reserven. Nur aus Angst vor Mangel(Versorgung) in der Zukunft, wird hier, besonders in unserer westlichen Wohlstandsgesellschaft, der zu wohle Stand und die Angst um seine Sicherung deutlich. Und so mancher fühlt sich (Über)gewichtig, satt wichtig. – Lassen Sie sich jedoch von einem gut ausgeprägten Ernährungsanteil um die Hüftregion nicht immer täuschen: Oft steht hier ein gekipptes Becken dahinter und damit ein stark nach Anerkennung strebendes Ego eines Menschen.

Abb. 3: Ego

Mit Ego definieren wir die Wünsche und Bedürfnisse eines jeden Menschen. Die Energie zur Verwirklichung des eigenen Lebenserhalts ist zum Überleben absolut wichtig. Erst die Übertreibung, meist ausgelöst durch nicht genügend UnterStützung der Person in seinen eigenen Bestrebungen (Ausdrucksbereich im körperlichen ist hier der untere Rücken – „jemanden den Rücken stärken, hinter ihm stehen"), sowie die schon erwähnte Zukunftsangst führen dann auch im verbalen Verhalten zu Egoismus – (nach) aus(sen)gedrückt durch das nach vorne fordernde Becken.

Bemerkenswert in diesem Zusammenhang ist, dass gerade in unserem Hierarchie-Gefüge die „Oberen" zu einer solchen Beckenhaltung – und den dann auftretenden körperlichen Beschwerden wie Bandscheibenvorfällen – hin tendieren. Gibt es keine andere Art, sich durchzusetzen und seine Ansprüche und Bedürfnisse zur Geltung zu bringen? Denn was passiert, wenn zwei solcher ausgeprägten „Egos" aufeinander treffen? Schließen Sie von dem äußeren auf das innere Bild und Sie erkennen das Szenario in jedem Gespräch wieder!

Gibt es einen Mann-Frau-Unterschied im Beckenausdruck?

Oft. Auch im „Mann-Frau-Spiel" scheint hier wieder etwas gut zusammen zu passen: Tendiert Mann eher zu der eben beschriebenen Becken-„Ich"-Haltung, sehen wir bei Frauen das Gegenteil. Der untere Bauchbereich soll schön flach, zurückgehalten sein – wenn Ernährungsanteil und/oder Beckenstellung etwas anderes ausdrücken, wird zur Not sogar „technisch" (Stichwort Miederwäsche) nachgeholfen. Damit soll das Signal „Ich bin mit meinen Wünschen gar nicht so wichtig – die Bedürfnisse des anderen sind es viel eher!" gegeben werden.

Betrachten Sie jedoch junge Mädchen mit ihrer bauchfreien Kleidung, so kommt „Frau" schon mal ins Staunen. Mit welcher Selbstverständlichkeit werden da ansehnliche Schmerbäuchlein, Babyspeck oder die Röllchen getragen! Hier scheint die nachfolgende Generation hinsichtlich „Bauchgewicht(igkeit) – und Gefühl" einiges zu zeigen: „Meine Bedürfnisse verstecke ich nicht – erst recht nicht die (Über)Gewichtigen."

Zeigen sich im Oberkörper auch geschlechtsspezifische Unterschiede?

Bedingt. Jeder Röntgologe kann an Hand der Atmung erkennen, ob es sich um Mann oder Frau handelt. Frauen neigen (leider) dazu, Brustatmung zu machen, Männer bevorzugen Bauchatmung. Dabei würde eine Atmung, die vom Bauch beginnt und automatisch den Brustkorb füllt und bewegt, energetische Wunder bewirken.

Atmung bedeutet LebensEnergie. Zu Beginn des irdischen Lebens atmen wir ein, am Ende ein letztes Mal aus. Innerhalb dieses stetigen Ein- und Ausatmens spielt sich das Leben ab. Jedem Menschen stehen vom Anfang bis zum Ende 100 Prozent LebensEnergie zur Verfügung – bei artgerechtem Gebrauch von Lunge und Atmen.

Mit dem Brustkorb und der damit verbundenen Atmung finden wir auf der Entsprechungsebene im Innen unsere Fähigkeit zur Kommunikation und in deren Auswirkung in den Armen und Händen den Bereich der Handlungen und Handhabungen unseres Gesagten.

Stellen Sie sich bitte vor Ihrem inneren Auge einen Menschen vor, der sich buchstäblich in die Brust wirft. Sie sehen eine Persönlichkeit, der es sehr wichtig erscheint, immer aktiv und handlungsbereit zu sein. Der Mensch steckt in der Einatmung fest, die Brust erscheint gebläht. Mit dem *„Er wirft sich in die Brust"* meint die Sprache, dass mit dieser Aufgeblasenheit dieser Bereich dominant wird. – Dahinter steht neben einem erhöhten Schutzbedürfnis (sinnbildlich für das innen liegende Herz und damit dem Gefühl für sich und andere) die seelische Grundhaltung, die aus einem Überlegenheitsgefühl sich selbst und die Menschen um sich herum kontrollieren will. Mit dem Brustton der Überzeugung gibt dieser Mensch sich stärker als er ist. Gleichzeitig vermeidet er den Gegenpol: das Ausatmen, welches für Passivität, Geschehenlassen, Loslassen steht! Fallen Sie daher als Wissender nicht darauf herein und fühlen Sie sich weder herausgefordert noch unterlegen – sehen Sie hier vielmehr einen Menschen, der bisher keinen anderen Weg kennen gelernt hat, um sich vor vermeintlichen Verletzungen zu schützen und der nach Anerkennung förmlich „schreit". Geben Sie ihm was er möchte, z.B. Anerkennung, und Sie haben einen angenehmen Gesprächs- und Verhandlungspartner. Aber Achtung: Dieser Mensch tut sich schwer Dinge anzunehmen, denn das entspricht der Qualität der Ausatmung!

Das Vermeidungs-Gegenteil kommt in einer eingesunkenen Brust zum Vorschein: Mensch ist weit davon entfernt, das Leben „zur Brust zu nehmen" und fühlt sich eher schwach auf dieser. Im Ausatmen steckt das Passivsein im Allgemeinen. (Leider wird dies oft gleichgesetzt mit „Schwäche". Passivität ist jedoch immer der stärkere Pol! Versuchen Sie einmal mit jemandem zu reden, der nicht reden will, also passiv bleibt.) Bei Menschen, die diese Haltung des Oberkörpers als Grundhaltung zeigen, ist eine seelische Grundstimmung von Opferhaltung und Minderwertigkeitsgefühlen anzunehmen.

Beide Pole und damit Menschen, die dies zum Ausdruck und in Erfahrung bringen, arbeiten übrigens oft zusammen. Laut Resonanzgesetz „finden" sie einander und spiegeln sich wundervoll! Nur leider wird der Punkt der Anziehung bei unbewusstem

Umgang und Nichterkennen zum Punkt der Auseinandersetzung. „Musst du dich immer so hängen lassen?" „Und du, musst du dich überall einmischen und ständig etwas tun?" Raten Sie, wer was gesagt hat.

Wie kann ich das Thema „Lebensenergie" selber ausprobieren und nachvollziehen?

Atmen Sie einmal kräftig aus und dann längere Zeit nicht mehr ein: Spüren Sie, wie wenig Antrieb Sie haben und Sie nun geschehen lassen müssen? Oder atmen Sie nur noch tief ein und flach aus. Merken Sie, wie Sie in Aktivismus verfallen wollen?

Nicht selten (ge)brauchen wir als Gesprächspartner Menschen mit nur 70 bis 80 Prozent bereitgestellter LebensEnergie – die sie sich selber in großem Maße blockieren –, indem wir sie gerne „benutzen", was nicht bewusst böswillig oder gar absichtlich gemeint ist. Diese Haltung lädt ganz einfach dazu ein, besonders auch in Verbindung mit den hängenden Schultern, hier noch ein eigenes, überzähliges „Päckchen" loszuwerden. „Frau Träger, Sie kennen sich doch so gut mit dem Kopierer aus (Honigattacke!). Sind Sie bitte so lieb (wer möchte nicht lieb sein und damit lieb gehabt werden!) und machen mal schnell diese Kopien für mich?" Sagen Sie jetzt mal aus einer Zurückhaltung der eigenen LebensEnergie „Nein!". ... Schaffen Sie das oder denken Sie statt dessen vielleicht nur: „Warum immer ich?" Die Antwort darauf ist ganz simpel: Weil Sie das beste (körpersprachliche) Angebot machen! – Als Gesprächspartner trauen Sie solch einem Menschen zu Recht nicht besonders viel Aktivismus und Durchhaltekraft zu. Die sicher ernst gemeinten Versprechen, dies oder jenes bis dann und dann zu erledigen, werden nur zu oft enttäuscht – eben weil Sender und Empfänger sich in ihrer eigenen und gegenseitigen Wahrnehmung getäuscht haben. Ent*täuschung* bedeutet das Ende der Täuschung ...

Fazit: Jeder Mensch kann durch entsprechende Atemübungen und die Bewusstmachung der inneren Zurückhaltung (Angst) seine LebensEnergie auf 100 Prozent steigern. Probieren Sie es!

Wie stehen Hände und Armhaltungen mit der Atmung in Verbindung?

Hand*lunge*(n) – hören Sie es? Und Hände gibt es nur in der Verbindung zum Brustkorb und damit zur Lunge, dem Energiezentrum. Die Hände sind unser sensibelstes Werkzeug, mit denen wir die Welt begreifen und in ihr handeln. Sie sind ein wichtiges Instrument zur Kommunikation, wir beschreiben oder verbergen damit Gefühle (linke Hand = bildhaft; rechte Hand = Analyse, Daten, Fakten), verteidigen uns oder greifen an – gekoppelt mit den Armen dienen uns die Hände als Flanken- oder Kopfschutz.

Besprochene, entschiedene Sachen anpacken; etwas wirklich begriffen oder erfasst haben; die Verhandlung führen; einen kritischen Punkt behandeln oder sich durch das Gegenüber manipuliert (lat.: manus = Hand) fühlen – unsere Sprache ist in Bezug auf Hände übervoll von Beziehungen der seelisch-geistigen zur körperlichen Ebene. Und auch hier gilt: Glauben Sie den Händen oftmals mehr, als den verkündeten Inhalten der Sprache.

Wenn etwas „auf der Hand liegt", wir ein offenes Angebot machen wollen und dies verbalisieren, jedoch unsere Hände das Gegenteil zeigen (verdeckte, umgedrehte Hand), werden wir unglaubwürdig und unser Gesprächspartner misstraut uns (oft zurecht). Hier liegt eher etwas in der Hinterhand – es wird etwas zurückgehalten (das bessere Angebot oder die Wahrheit?). Diese Person zieht es vor, sich ständig zu schützen, indem sie die empfindliche Innenseite der Hände vom Gesprächspartner wegdreht. – Was auch immer in der persönlichen Erfahrung zu dieser inneren und äußeren Haltung geführt haben mag, es behindert den Benutzer am offenen Geben und Nehmen ... nicht nur von Dingen, sondern auch von Ideen, Argumenten, Angeboten und neuen Erfahrungen.

Was ist mit Menschen, die scheinbar Rasierklingen unter den Armen haben und deren Hände einen unsichtbaren „Colt" halten?

Wir nennen das die „Jango-Haltung":

Abb. 4: Jango-Haltung

Ständig handlungsbereit, also auch immer und überall sprechbereit sein, bloß keine Situation aus der Kontrolle verlieren heißt hier die Devise. Schade nur, dass dieser Typ Mensch ständig Energie in seine Bereitschaft stecken muss, anderen damit erheblich auf die Nerven geht (wer hört schon gerne nur zu?) und sich selbst um erweiterndes Gedankengut und neue Impulse von anderen bringt.

Eine Variation davon, die häufig anzutreffen ist, ist die verdeckte Jango-Haltung. Nach innen gedrehte Hände plus handlungsbereite Armstellung demonstrieren Schutzmaßnahme der Flanken plus Handlungsdrang.

Flankendeckung und -schutz? Was ist das denn nun schon wieder?

Die Seiten des Körpers sind hoch empfindsam. Wir sprechen davon, dass uns jemand „in die Seite fällt", mich „von der Seite anmacht" oder mir „einen Seitenhieb versetzt". Analog stehen für diesen Körperteil auch seelische Verletzungsmöglichkeiten: Erschrecken wir uns, schützen wir reflexartig die Flanken und ziehen den Kopf ein! Viele Menschen tragen in den Flanken und den zur Schau gestellten Schutzhaltungen durch die Oberarme unbewusst Verletzungen und Schrecken – meist aus den Kindertagen – noch heute mit sich herum. Kein Wunder, wenn diese Erfahrungen dann auch als Erwachsener Einzug in die täglichen Urteile finden (*„Die Welt ist ein unsicherer*

Ort!" Oder: „*Du kannst niemandem trauen, sei immer auf das Schlimmste vorbereitet!*"). Erkennbar wird dies an Spannungen in den Oberarmen. Diese gewähren somit einen ständigen Schutz vor möglichen Angriffen. Das hier abgesunkene seelische Thema wird also ständig vom Körper ausgedrückt und hindert den Betroffenen daran, offen(siv), vertrauensvoll geben und nehmen zu können (siehe auch Abschnitt „Gestik").

Der Schultergürtel hat aber nichts mit einem Gürtel zu tun – oder?

Hören und sehen wir mal gemeinsam hin: Kleidergürtel sind zum Zusammenhalten da. Und so tut auch der Schultergürtel seine entsprechende Pflicht, indem er den oberen Körperbereich zusammenhält. Er schafft die Verbindung zu den Armen und Händen und gewährleistet so, die im Kopf ausgedachten und im Brustkorb mit Energie gefüllten Ideen in Handlungen umzusetzen.

An den Schultern erkennen wir, wie ein Mensch seine Lasten trägt. Nicht nur in rein physischer Hinsicht schultern wir uns hier unsere (schweren) Lasten, auch in seelisch-geistiger Hinsicht. Der angespannte Muskelbereich kann bei andauernden seelischen Belastungen sogar das Skelett mit verformen. Bei kraftvollen Schultern – die gerade stehen – zeigt sich, dass dieser Mensch das Leben und die damit verbundenen Lasten tragen und ertragen kann und will. Er ist belastbar (bar jeder Last!). Hingegen lautet die Botschaft eines Menschen mit hängenden Schultern, dass „es" (das Leben) ihm zu schwer und nicht mehr erträglich ist: Die Lasten sollen herunter rutschen. In Verbindung mit einem gerundeten Rücken kennen wir den Ausdruck: „*Rutsch mir doch den Buckel runter.*" Hier ist jemand überlastet und man möchte ihm am liebsten unter die Arme greifen. Dieses Signal kann auch Methode haben! Wer so durch den Alltag geht hat es leichter, dass ihm Dinge abgenommen und für ihn erledigt werden. Aber immer muss jemand zur Verfügung stehen, denn sonst ist man verloren und kann sich nur schwer selber helfen, denn man lässt sich ja lieber hängen und empfindet das Leben als Belastung!

Was ist dann die Übersetzung für hoch gezogene Schultern?

Hoch gezogenen Schultern erzählen uns von Angst. Der Kopf wird zwischen den Schultern versteckt und ängstlich geschützt, wie bei einer Schildkröte, die den Kopf in den Panzer zieht. Linksseitig hochgezogene Schultern schützen und beengen gleichzeitig das Herz und damit den freien Fluss der Liebesenergie und Handlung. Die hochgezogene rechte Schulter sagt etwas über die ständige Last der zu ertragenden und nur einseitig gelebten rationalen, regelhaften Alltagsabläufe.

Übrigens: Jemanden „über die kühle Schulter" anblicken und ihn damit herabsetzen, erfolgt immer mit der „stärkeren" Seite.

Was erkennen Sie an der Kopfhaltung?

Als Krönung auf der Wirbelsäule kommt dem Kopf die Rolle des Oberhauptes nicht nur sprichwörtlich zu. Als Sitz der Kommandozentrale mit allen Sinnesorganen und -zuleitungen sowie des entwickelten Großhirns kommt ihm tatsächlich eine Führungsposition zu. Nur leider sollte diese Führungsetage die scheinbar untergeordneten archaischen und Empfindungszentralen nicht unterdrücken oder von den eingehenden Informationen nur das verwenden, was „dort oben" den ausgesprochenen Behauptungen gerade passt! Der Kopf kann jedoch nichts ausführen, dazu bedarf es der Handlungen und nicht zuletzt des Kontaktes zum Grundsätzlichen durch die Füße.

Echte Führung hieße – und dies sicher nicht nur in der seelisch-geistig-körperlichen Entsprechung – „Erster unter Gleichen" zu sein und zu wissen, dass er nichts ohne den restlichen Körper und dessen Möglichkeiten darstellen kann. Diese Erkenntnis harrt auch in Unternehmen(sKörpern) vielfach noch der Umsetzung.

An der Kopfhaltung erkennen wir, wie offen jemand für andere ist (freibeweglicher Hals-Kopf-Bereich) oder am liebsten nur auf sich selbst bezogen ist („Stiernacken"). Wir sehen auch, ob die „unteren" Ebenen von Herz und Bauch mit dem Kopf zusammenarbeiten (Linie von der Wirbelsäule wird natürlich fortgesetzt) oder ob ein Mensch hocherhobenen Hauptes seine einsamen Entscheidungen trifft. Wir geben hier unsere Ein*sicht*sfähigkeit und An*sicht*en kund.

Dann fehlt nur noch der Hals. Oder ist der eben nur einfach der Hals?

Gibt es etwas, was keine Bedeutung hat? Dann wäre es bedeutungslos und somit nicht vorhanden. Keine Kopfbewegung ohne den Hals! Er ist ein sensibles Bindeglied zwischen oberen und unteren Welten. Hier laufen Luftröhre (Atmung = Kommunikation), Speiseröhre (physische Nahrung = geistige Nahrung) und verbindende Nervenbahnen (Empfindungen) – ein reger InformationsVerkehr.

Der Hals und der Nacken als seine Rückfront bilden daher auch oft den Ort, an dem es eng wird (lat. angus = eng; daher kommt unser Wort Angst). Wird eine Situation eng, dann greifen sich die Herren gern an den Schlips – der auch nicht zufällig hier als Symbol für kultivierte (?) Herren prangt –, um der Enge etwas Luft und sich selbst damit Freiraum zu verschaffen. Auch das Öffnen von Kragenknöpfen oder das Weiten des Rollkragens für einen Moment erfüllt diese Befreiungsaktion auf körperlicher Ebene – die geistige sollte bei diesen Signalen eingeschaltet werden und übernehmen!

⋯⟩ „Du kannst den Hals nicht voll genug bekommen",
⋯⟩ „Halsabschneider",
⋯⟩ „Das Wasser steht einem bis zum Hals",
⋯⟩ „So einen Hals haben"
– das sind sinnbildliche Ausdrücke der klugen Sprache für die hier ansässige, seelisch-geistige Entsprechung. – Kurz: Der Hals (und seine Formen) sagt uns einiges über freien Fluss im Reden, über Geben und Nehmen und er lässt auch deutliche Zeichen für den sprichwörtlichen Geizhals erkennen.

Was hat es mit den weit verbreiteten Nackenschmerzen auf sich?

Im Nacken kann sich Angst ausdrücken, indem sie uns geradezu in selbigem sitzt. Ein besonders muskulärer, stark ausgeprägter Hals wird auch als Stiernacken bezeichnet. Wird hier mit unnachgiebiger Sturheit, Hart*näckig*keit und Halsstarrigkeit, d.h. nur den eigenen Vorstellungen nach der eigene Kopf durchgesetzt?!

Nackenschläge des Lebens hinterlassen ebenso ihre Spuren. Wie ein physischer Anschlag in dieser Region ein Anspannen der Muskulatur als Gegenwehr zur Folge hat, so reagiert der Körper mit der gleichen Spannung auf seelisch-geistige Angriffe und Nackenschläge. Wer sich abends nach einem anstrengenden Tag instinktiv den Nacken reibt, sollte sich darüber bewusst werden, dass hier der Körper die Schläge eingesteckt hat.

Eine Lösung, sowohl der Verspannungen als auch des Erschöpfungszustandes, liegt wohl nicht so sehr bei einer guten Massage oder einem Entspannungsbad – auch wenn diese Maßnahmen zunächst Linderung geben –, sondern eher im Angehen und Lösen der hier ausgedrückten und dahinter stehenden seelisch-geistigen Probleme. Statt sich körperlich „hart" zu machen, sollte diese Haltung auf der sprachlichen Ebene wiederentdeckt werden. Die entscheidende Frage hierbei lautet: „Gegen wen (oder was) muss ich unnachgiebiger werden und mich für meine eigene (Hals-)Freiheit einsetzen?"

Mit der Zeit legt man sich sogar seelisch wie körperlich einen Panzer zu: eine Dauerdeckung, die dann für jeden an den auffälligen Rundungen im Nacken und im Schulterbereich sichtbar wird – meist nur für den Betreffenden selbst nicht. Um jedoch anderen den Nacken überhaupt (symbolisch) preiszugeben bedarf es einer entsprechenden Kopfhaltung: Der Kopf und der damit verbundene Mut zu den eigenen Behauptungen zu stehen sinkt und gibt damit die innere wie äußere Angriffsfläche frei. Wer nach Ohrfeigen und Nackenschlägen verlangt, wird sie auch bekommen! Diese Opferrolle hat sich der Träger jedoch selbst gewählt.

Den Gegenpol kennen wir als hochnäsig. Dabei wird der Kopf in den Nacken geschoben, das Kinn als Symbol der Willenskraft wird nach vorne geschoben und die Nase steht (zu) hoch. Gleichzeitig wird der empfindliche Hals freigelegt: „Ich fühle mich so sicher und überlegen, dass ich niemandem zutraue, mir in die Kehle zu »beißen«!" Oder: „Alles tanzt nach meiner Nase!" Der betroffene Betrachter wird herabgesetzt und projiziert nun seinerseits – falls er nicht in die erwünschte Unterwürfigkeit geht, indem er (zum anderen) „hochblickt": „Arroganter Typ, mit dir will ich nichts zu tun haben." Hochmut, Mut und Demut als geistige Themen werden hier anschaulich versinnbildlicht.

Hat das seitliche Neigen des Kopfes etwas mit Hörstörungen zu tun?

Kann durchaus sein, wenn tatsächlich das Hörvermögen eines Ohres beeinträchtigt ist (was natürlich auch Hinweise gibt: *„Warum und was möchte ich auf der betroffenen Seite nicht hören? Sollte ich auf meine innere Stimme, statt auf die äußeren Stimmen hören?"*). Die seitliche Kopfhaltung offenbart ein sich einseitiges Öffnen. Neigen wir den Kopf zur rechten Seite, öffnen wir uns der linken, gefühlvolleren und spüren Weichheit. Wird hingegen der Kopf zur linken Seite geneigt, öffnet diese Haltung den Blick zur rationalen Sicht und lässt härtere, bestimmende Gedanken und Gefühle wach werden. Neigt ein Mensch ständig den Kopf zu der einen oder anderen Seite, wird erkennbar, dass ein Teil der polaren Welt nicht angeschaut werden will. Hier wäre eine bewusste Auseinandersetzung mit dem zugehörigen Schatten, der Vermeidungsseite, sicher hilfreich – ein Schief- oder steifer Hals ist ein körperlicher Zwang zu einer solchen Auseinandersetzung und der letzte „Aufschrei".

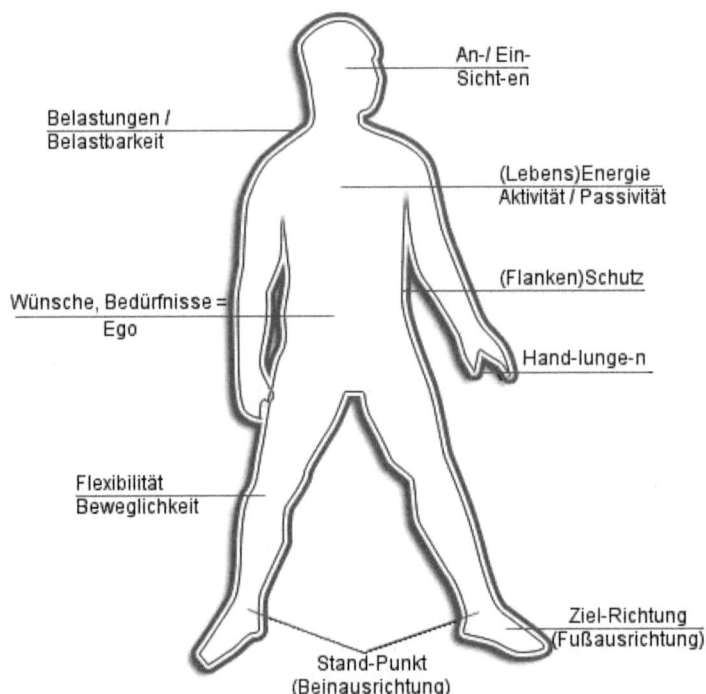

Abb. 5: Seelisch-geistige Entsprechungen der Haltung

**Geben Sie mir bitte noch eine kurze Übersicht über andere „Abweichungen"
und deren Bedeutungen?**

Gerne – vorausgesetzt, die „Grammatik" wird in den jeweiligen Situationen berücksichtigt und die einzelnen „Vokabeln" werden im Zusammenhang (= ganzer Satz) ge- und bedeutet!

Angezogenes Spielbein	Wirkt weiblich. Geistigen Raum „verschenken", Näherung möglich machen, aber auch geistige „Übergriffe" sind möglich
Breitbeiniges Stehen, Standpunkt größer als angemessen	Wirkt männlich. Dominanzanspruch auf mehr geistigen Raum. Eindringen in andere Territorien
Eingesunkene Brust	Ist Ausdruck von Inaktivität
Vorgeschobener Kopf	„Ich kann alles besser erklären."
Hände zurückhalten	„Handeln soll jemand anderes!"
Ständige Gespanntheit	Findet man bei empfindsamen Naturen, die damit Sicherheit zum Schutz signalisieren
Schlappe Haltung	Hier lässt sich jemand hängen
Gekrümmter Rücken	Deutet auf Unterwürfigkeit, Inaktivität und große Belastungen hin
Stand auf beiden Fußsohlen	Realistischer Mensch, steht mit beiden Beinen auf dem Boden der TatSachen
Zehen werden gekrallt	Es wird sich an Meinungen und Vorstellungen geklammert, der Boden rutscht unter den Füßen weg
Stehen an einem Punkt	Starrer Standpunkt. Braucht mentale Änderung durch physische Bewegung zu neuen Reizen
Geblähte Brust	Angst, daher ZurückHaltung, hohe Aktivität, Leistungszwang und Stolz
Starre Knie	Starre Position in intellektueller und psychischer Reaktion. Lässt sich geistig nur schwer bewegen
Eingezogener Kopf	Unbewegliche, starre Position. Einsichten eingeschränkt
Kopf nach hinten	Blockierte Beweglichkeit. Reservierte Haltung, sehr distanziert
Kopf nach vorne	Neugier, Info erhaschen, intellektueller Mensch, Gefühlsbereich reduziert
Becken zurück	Zurückhaltung der eigenen Emotionen, Gefühle, Wünsche. Keine impulsiven Ich-Reaktionen

7. Wie bewegt sich der Mensch und was bewegt ihn?

Wie gehen Sie durchs Leben? Wie geht es Ihnen? Können Sie mit Mitarbeiter Kluge umgehen? Wie planen Sie das neue Projekt anzugehen? Können Sie mir Ihre Denkschritte darlegen? Welche Vorgehensweise bevorzugen Sie? Wie ist es Ihnen mit dem Kunden Klein ergangen?

Das sind Fragen, die Sie oft benutzt haben und die Ihnen auch gestellt wurden. Haben Sie schon einmal genau hingehört und den häufigen Bezug zum Gehen / Gang dabei wahrgenommen? Oder sich bildlich klar gemacht, welche geistig-seelische Ebene hier mit der körperlichen Fortbewegung verbunden wird?

Stimmt! Ich habe einen Kollegen, der trampelt immer über den Flur.
Teilt er mir damit schon von weitem etwas mit?

Genau – wir kennen sie alle: die Menschen, die man bereits von weitem hört, die ihrem Auf*tritt* Gehör verschaffen und 'rums geht die Tür auf und wir wussten längst, jetzt kommt ...

Den meine ich. Kennen Sie ihn auch ...?

Wahrscheinlich – nur in anderer Form. Verstärkt durch entsprechendes Schuhwerk – auch diese Auswahl wird nach meist unbewussten, seelisch-geistigen Prinzipien getroffen – wird hier im körperlich übertragenden Sinn der Aufsetzungspunkt der Ferse auf den Boden (der Tatsachen) deutlich betont. Dieser Mensch möchte auf keinen Fall überhört und übersehen werden. Forderungen nach Anerkennung und meist einhergehend mit lauter und betonter sprachlicher Ich-Betonung stehen dahinter.

Nur leider reagieren wir auf solche Forderungen unbewusst meist mit dem Gegenteil. Wir fühlen uns gezwungen, hier entsprechende Anerkennung zu geben und verfallen eher ins Gegenteil. Damit muss der Betroffene beim nächsten Mal noch lauter und deutlicher werden!

Wie gehe ich mit Menschen um, die große Schritte machen?

Mit großen Schritten durchs Leben zu gehen, bedeutet, dass hier jemand in großen (Denk-)Schritten denkt und handelt. Für Details ist dieser Mensch nicht gern zu haben, denn er überschreitet die Einzelheiten auf dem Weg zum Ziel.

Im Gegensatz dazu der eher kleine Schritt mit einem schnellen, flachen Aufsetzen des Fußes auf die (neue) körperliche wie geistige Ebene. Einzelheiten sind hier bei der geistigen Vorgehensweise wichtig, also geben Sie beim Gespräch diesem Partner eine Menge Denkschritte in Form von Daten, Fakten und Analysen – er wird so eher geistig mit*gehen* und geistig folgen können. Ist ein solcher Gang mit einer starren Nacken- und Schulterhaltung gepaart, dann haben Sie es mit einem Menschen zu tun, der wenig risikobereit ist (Bremse, Blockade der eigenen Ansicht in Richtung Zukunft).

Meine Art zu gehen drückt also meinen Gang durchs Leben aus?

In der Gesamtschau, ja. An jedem einzelnen Tag fragen wir „Wie geht's?" und antworten dabei im eigentlichen Sinn auf die Frage, wie der (Lebens)Weg, ausgehend von einem sicheren Stand(punkt), durch unsicheres, unbekanntes – geistiges – Gebiet bewältigt worden ist. Das Ausschreiten und damit das Fortschreiten im Großen wie im Kleinen – körperlich wie geistig-seelisch – wird hier zum Ausdruck gebracht.

Frauen haben analog zu ihrer Standhaltung auch oft einen dementsprechenden Gang. Sie vollziehen eine Art Seiltanz. Nicht nur das meist unsicher machende und wirkende Schuhwerk, sondern auch die schmal voreinander gesetzten Beine geben das deutliche Signal: „Ich brauche Unterstützung und starke Begleitung." Wenn dies wirklich gewünscht ist, wird es seine Wirkung nicht verfehlen. Gibt jemand jedoch das Signal unbewusst und hat bewusst ein anderes, gegenteiliges Selbstbild, kann es bei Begegnungen sicher zu Missverständnissen und Unstimmigkeiten kommen.

Die körperlichen Signale sollten mit der inneren Absicht übereinstimmen – wenn dies nicht der Fall ist, schafft immer der Körper die entscheidende Wirkung, signalisiert er die wahren Standpunkte, Stärken und Schwächen und gibt damit die *Wirk*lichkeit vor!

Nur wenige Menschen zeigen ein harmonisches Bewegungsbild in ihrem Gang. Was bedeuten z.B. Zurückhaltungen in den Armbewegungen?

Stellen Sie sich bitte folgende Szene vor: Ein Mann geht mit großen Schritten über die Straße. Sein Aktenkoffer wird dabei starr am Körper gehalten, obwohl der Arm lang herunter hängt. Kein Schwung ist erkennbar. Der Kopf jedoch ist weit nach vorne geschoben.

Dieser Mensch versucht wirklich sein Bestes. Gewagt und damit mit großem Schritt geht er die Dinge an. Aber leider werden er und seine Mitmenschen immer wieder feststellen: Er schafft es nicht, das Angestrebte auch in Handlungen umzusetzen. Zu blockiert sind bei diesem Gang seine Armbewegungen, das Zu- und Vertrauen in die eigene Handlungs- und Tatkraft wird zurückgehalten.

Im Kopf (Kopf = capus = kapieren) erscheinen diesem Menschen die Dinge noch recht klar, immerhin führt der Kopf das Geschehen an. Nur bleiben Arme und Hände (begreifen und mit dem Herzen handeln) sowie das Verständnis (mit den großen Schritten „fliegt" er über die Tatsachen hinweg) auf der Strecke.

Gut jedoch, wenn es in der Umgebung jemanden gibt, der das Handeln für diesen Menschen übernimmt und die erdachten Ideen und angegangenen Projekte in die Tat umsetzen kann. Wird diese Haltung des Nicht-Selber-Handelns jedoch bewusst getroffen und man hat sein Leben entsprechend eingerichtet – die tüchtige Sekretärin im Büro, die hilfreiche Ehefrau und der handwerklich begabte Freundeskreis stehen dafür –, dann kann dies auch recht deutlich gezeigt werden: Die Hände werden versteckt, zum Beispiel ist eine Hand stets in der Hosentasche.

 Nennen Sie mir bitte noch einige Beispiele für Übersetzungen des Ganges?
Die Auswahl fällt schwer. Sie können jeden Morgen Menschen auf dem Weg zur Arbeit studieren und sich üben. Nehmen wir folgende Beobachtungen:

1. Ein Mensch geht angemessenen Schrittes mit entsprechend schwingendem Arm auf der rechten Seite – der linke Arm bleibt zurückgehalten – seines Weges.
Wir können annehmen, dass dieser Mensch sowohl für Einzelheiten, als auch für weit reichende (Zeit)Planung ein Gespür hat und die daraus entstehenden Ergebnisse rational, regelorientiert in die Tat umsetzt. Nur fragen Sie diesen Mann nicht, wie seine Empfindungen mit dieser Art des Lebensweges einverstanden sind! Zu sehr bleibt dieser Aspekt des Daseins zurück (linke Hand blockiert). – 50 Prozent seiner Aktionsenergie werden hier leider nicht genutzt und würden bei Freiheit beider Arme und Hände und der damit verbundenen seelisch-geistigen Freiheit ein schwungvolles und dynamisches Herangehen an die Herausforderungen und Aufgaben des Lebens fördern. Diese innere Freude und Gelöstheit würden sich im Körper als Entspannung wieder finden und die Taten fließen lassen. Und wer entspannt und aufrecht an die geforderten Leistungen heran*geht*, dem wird es besser er*gehen*! Denn: Wie Sie eine Situation angehen, so wird es Ihnen immer auch ergehen – die innere Einstellung erzeugt die äußere Wirkung und Wirklichkeit!

2. In Gesprächen hört man zuweilen den Satz: „Sind Sie mitgekommen, konnten Sie mir soweit folgen?"
Wieder erkennen wir den deutlichen Bezug der geistigen zur körperlichen Ebene. Jedoch wird dieser Satz in Gesprächen nicht immer mit *„Nein, Sie sind viel zu schnell vorangegangen und ich habe den geistigen Kontakt zu dem Gesagten verloren"* wahrheitsgemäß beantwortet. Während für den Erklärenden die verbale Aufzählung von geistigen (Denk)Schritten nicht schwierig ist, ist das vermittelte Thema für den Zuhörer aber meist Neuland, auf das er sich mit Hilfe der Erklärungen zu bewegen will und soll ... und sein Helfer läuft einfach davon! Haben Sie daher einmal ein schwieriges Thema zu vermitteln, empfiehlt es sich, dieses Gespräch im Gehen zu führen. Die Klarheit und Offenbarung der körperlichen Bewegungen wird sofort Hinweise auf geistige

Blockaden oder Stolpersteine geben. Wie und an welchem Punkt bleibt Ihr Gesprächspartner stecken? Er bleibt einfach stehen oder zögert mit dem nächsten Schritt. Ein wirklich gemeinsames Angehen einer Sache bedeutet, nur so schnell geistig-verbal und körperlich voranzugehen, wie der Partner in der Lage ist, Schritt zu halten.

3. Diese Vorgehensweise empfiehlt sich auch, wenn Sie selbst (Denk)Blockaden haben.

Blockaden (fest)sitzend auf dem Sofa zu lösen wird viel schwerer fallen, als wenn Sie sich vom Problem lösen und durch die (körperliche wie geistige) Bewegung etwas (in Ihrem Kopf und Körper) bewegen und sich somit neue, gedankliche Räume erschließen. Wenn Sie das in der Natur tun können und Ihnen jemand Gesellschaft leistet, der Sie in „Trab" hält und Ihnen Impulse gibt, dann werden Sie selber jedes Problem recht schnell und befriedigend lösen können. – Nicht zuletzt deshalb sitzen Grundschulkinder beim Lernen auch nicht still. Für sie ist der Widerspruch zwischen geistiger Bewegung und körperlichem Stillstand noch unmittelbar erfahrbar und fast unerträglich! Wir sollten, statt den Kindern unser unnatürliches und beschränkendes Verhalten „beizubringen", eher wieder von ihnen lernen.

Wie gehen Menschen demnach sinnvoll miteinander um?

Diese Frage können Sie durch lange Verhaltensstudien in verschiedenen Gesprächssituationen beantworten oder, indem Sie vom Körper auf die geistige Einstellung der Gesprächspartner zueinander schließen.

Gehen Sie mit jemand ausgiebig spazieren und unterhalten sich. Dabei können Sie z.B. am Gleichschritt den Gleichklang erkennen, inwiefern Sie beide die gleiche Rhythmik und Dynamik haben. Wer geht immer ein Stück voraus und will daher führen? Muss sich einer der Gesprächsteilnehmer gar anstrengen mitzukommen, um den Anschluss nicht zu verpassen? In einem solchen Fall würde sich diese Konstellation in der Kommunikation sicher nicht als Dialog wieder finden lassen und auf Dauer eine gespannte Atmosphäre zwischen den Beiden erzeugen.

Im Privatleben werden in einem solchen Falle weitere Kontakte vermieden – bei beruflichen (Zwangs)Kontakten wird es dann folglich auf der emotionalen und sprachlichen Ebene häufiger zu Unstimmigkeiten kommen. Wer also täglichen Umgang miteinander haben will oder wird, sollte vor einer Partnerschaft oder Zusammenarbeit einen gemeinsamen Spaziergang einplanen! Dieser kann vor unliebsamen Überraschungen – und vielleicht Fehlbesetzungen von Stellen – bewahren.

1847 schrieb Sören Kierkegaard in einem Brief an Jette[*]: „*Verlieren Sie vor allem nicht die Lust dazu zu gehen: Ich laufe mir jeden Tag das tägliche Wohlbefinden an und entlaufe so jeder Krankheit. Ich habe mir meine besten Gedanken angelaufen, und ich kenne keinen, der so schwer wäre, dass man ihn nicht beim Gehen loswürde ... beim Stillsitzen aber und je mehr man stillsitzt, kommt einem das Übelbefinden nur um so näher ... . Bleibt*

---

[*] in: Chatwin, B.: *Traumpfade*. Frankfurt/M. 1992

man so am Gehen, so geht es schon." Oder J.G. Hamann: „*Wenn ich meine Füße ruhen lasse, hört auch mein Kopf auf zu funktionieren.*"

Was kann man über das Gehen zusammenfassend sagen?

Gehen ist eine bewusste Zweckbewegung – auf ein Ziel zu oder weg von etwas (Flucht vor Konfrontation) und gibt Auskunft über unser geistig-seelisches Vorgehen.

Einen ausgeglichenen, ruhigen Gang mit entsprechender innerer Haltung erleben wir, wenn

- ⤳ Kopf bis Becken eine aufrechte Linie bilden,
- ⤳ die Beine vom Knie her nach vorne gestreckt werden,
- ⤳ das Becken im Schwerpunkt bleibt,
- ⤳ die Streckung des Beins erfolgt und der Fuß danach aufsetzt,
- ⤳ die Verlagerung des Körpers auf das Standbein erfolgt, das andere Bein anschließend nachgezogen wird,
- ⤳ Arme und Hände locker am Körper sind und im Rhythmus aus der Schulter heraus schwingen,
- ⤳ der Blick nach vorne gerichtet ist und Kopf und Hals frei sind.

Eine Übersicht hinsichtlich der Abweichungen wäre mir sehr hilfreich ...

Kleine, vorsichtige Schritte. Nacken und Schulter gesperrt	Zeigt einen Menschen ohne Risikobereitschaft
Hände inaktiv. Große Schritte und Fußspitze bremst Elan	Zeigt gebremsten Einsatz an
Brustkorb gestaucht	Zurückhaltung der eigenen LebensEnergie, wenig Mut
Kopf und Nacken zurückgehalten, Schultern unter Spannung	Selbstblockaden im Denken, Belastungen und innere Anspannung
Kopf nach hinten gedrückt	Kaum Information von rechts oder links, fest gefügte Lebenssicht
Kopf in ständiger Bewegung	Vielseitiges Interesse, kreativ, offene Wahrnehmung
Kopf vorgeschoben	Vorsichtiger Mensch, kopflastig

Es gibt recht kuriose Fußstellungen beim Gehen zu beobachten. Was sagt uns das?

Beim zielbewussten Menschen zeigen Fuß und Fußspitze gerade nach vorne. Der Zusammenhang mit den übrigen Körperteilen ist für eine umfassende, zutreffende Deutung wichtig! – Zur Deutung von Abweichungen in der Fußhaltung hilft ein Bild vom Ski als Verlängerung der Fußspitzen:

Einwärts gedrehte Füße	Gebremste Vorgehensweisen
Auswärts gedrehte Füße	Ratio und Emotion sind uneinig, Ablenkungen (zusätzlich Variationen der Einseitigkeit rechts / links beachten!)
Große Schritte	Erhöhtes Balance-Risiko. Denken in großen Zügen, viel erreichen in kurzer Zeit, Ungeduld bei Kleinigkeiten, Irritationen durch Details
Kleine Schritte	Erhöhtes Sicherheitsdenken. Sorgfältige Prüfung, Denkweise in kleinen, vorsichtigen Schritten
Pfauen-Gang	Zur Schau stellen des ganzen Körpers, Imponiergehabe. Beachtung und Bewunderung suchend (siehe z.B. Schreiten von Politikern)
Breiter Gang	Bedächtig und schwerfällig. Energie für sicheren Schritt (Boden unter den Füßen sichern), weniger für Raumgewinnung (siehe auch Bergsteiger, Bauern, Seeleute)
Enger Gang	Seiltanz! Instabilität und Labilität, Schwankung von Ratio und Gefühl (siehe Frauengang: Schutzbedürfnis, erotischer Reiz, Eroberung leicht machen)
Füße einwärts und Schultern eingefallen, Kopf geneigt	Passive Zurückhaltung, introvertiert, kaum kommunikationsbereit
Diskrepanzen zwischen Bein- und Armbewegungen	Bereitschaft des Vorangehens steht in Konflikt mit Handlungsfähigkeit
Abstoß vom Ballen	Versteckter Ehrgeiz, (verbaler) Kampf im letzten Augenblick
Schlenkerbewegung in den Füßen	Im letzten Augenblick (des Standpunktbeziehens) noch (geistigen) Raum gewinnen
Zurückholen des aufsetzenden Fußes	Gibt mehr Großzügigkeit / Offenheit vor als verfügbar
Ohne Abrollen	Äußerste Vorsicht und großes Misstrauen. Schnell sicheren Boden gewinnen
Zehen angezogen	Halt (in den Einzelheiten) suchen
Zehen wippen nach	Länger wirken (innere Größe erhöhen), der Anerkennung nachhelfen
Federnde Knie	Kleiner machen / auch Selbstwert erhöhen

8. Warum sitzen nicht alle Menschen in gleicher Weise?

Wir haben erfahren, dass und wie die Haltung und der Gang eines Menschen seine innere Haltung zum und seinen Gang durchs Leben ausdrücken. Was geschieht im Sitzen? Gibt es eine ausgeglichene Sitzhaltung und wenn, wie sieht sie aus?

In Kommunikationssituationen ziehen wir es – besonders in der westlichen Welt – vor, eine Sitzhaltung einzunehmen und uns diverser „Sitzmaschinen" zu bedienen. Diese können dann in unterschiedlichen Ordnungen ge- und benutzt werden. Hier drücken wir eher aktuelles seelisch-geistiges Geschehen mit dazugehörigen Einstellungen zum Gesagten und zueinander aus.

Von Natur aus ist der Mensch eher „Hocker" als „Sitzer". Als Kleinkinder verbringen wir noch Stunden in hockender Haltung am Boden, ohne Beschwerden körperlicher Art zu haben. Tun wir dies in fortgeschrittenem Alter, so erkennen wir sofort zwei Phänomene: Schnell schmerzt die Kniekehle und die Ferse lässt sich nicht immer zum Boden führen. Wir fühlen uns in dieser „unterlegenen" Situation nicht besonders wohl. Übersetzt heißt dies, dass wir eine hundertprozentige Beugung (der Knie) und Demutshaltung einnehmen, die sich mit unserer inneren geistigen Haltung nicht deckt. Der Körper signalisiert daher stellvertretend den seelischen Schmerz einer solchen, unserer sonst so starren, unbeugsamen und erhabenen Haltung entgegenwirkenden Stellung.

Das erinnert an das Mittelalter ... aber das ist doch endgültig vorbei – oder etwa nicht?

Sehen wir es uns genauer an: Hochstehende, erhabene Menschen bedienten sich in früheren Zeiten einer entsprechenden Sitzgelegenheit, um ihre Stellung jedem deutlich zu machen: dem Thron. Mit seinen (übergroßen) Maßen und erweiterten Kopfbereichen (Heiligenschein!) sollte der angeblich vorhandenen inneren Größe und Überlegenheit des darin Thronenden so schon von weitem sichtbar Ausdruck oder An*schein* verliehen werden.

Sind diese Zeiten wirklich vorbei? In so manchem Unternehmen gibt es auch heute noch festgelegte „Stuhl-Rang-Ordnungen", die oft nicht außer Kraft gesetzt werden dürfen. Dem Jungmanager steht nun einmal – analog zu seiner Position im Ranggefüge des Organismus „Unternehmen" – kein ledergepolsterter, dreh- und fahrbarer und mit hohem Kopfteil (Heiligenschein!) ausgestatteter Sitz zu. Dieser ist, besonders mit der eingebauten Technik des Nach-hinten-Ausweichens und Distanz-Schaffen-Könnens, eben Privileg und Sitz des Oberhauptes. Und wenn dann der bittstellende Gesprächspartner vor einem noch überdimensionalen Schreibtisch in einen sehr viel niedrigeren, an den Seiten stark beengenden (Handlungen einschränkenden) Stuhl versinkt, sind die Positionen bereits im Vorfeld geklärt. Erklären Sie aus so einer Unterlegenheit dem Überlegenen, mit Blick nach oben, einmal Ihre Gehaltswünsche!

Art und Ausstattung von Stühlen sowie die dazugehörige Platzierung und Positionierung der äußeren wie inneren Hierarchien werden augenscheinlich auch heute noch verwirklicht. Die alten Zeiten *scheinen* eben nur vorbei zu sein. Selbst Gerichte, Kongresse oder Vorstandstagungen legen noch heute Wert auf die äußere Klarstellung der Rangordnungen.

Das lässt ahnen, dass die Haltungen auf den jeweiligen Stühlen aussagekräftig sind?

Rein technisch gesehen könnten wir die, meist auf vier Beinen zur Verfügung stehende Sitzfläche dazu benutzen, die Aufgabe, uns der Erdanziehungskraft zu widersetzen, dem Stuhl überlassen und damit unsere Energie in die beabsichtigte Kommunikation stecken. Demnach bräuchten wir auch keine Rücken- oder Armlehnen, ein Hocker würde genügen. (Rückenlehnen geben uns aber Rückendeckung und an Armlehnen kann man sich lehnen und stützen und, sollte das Thema einmal schwierig werden, ersatzweise Halt suchen.) Die Erfahrung zeigt etwas anderes. Jeder Mensch „benutzt" den gleichen Stuhl immer sehr individuell und sogar in wechselnden Positionen. Wie schon erwähnt, liegt dies nicht an der Qualität des Stuhls, die sich im Laufe eines Gesprächs ändert, sondern an und in der Person selbst und seiner ge-/veränderten Einstellung zum Thema.

Wie sitzen denn dann Männchen und Weibchen und was bedeutet es jeweils?

In der Regel wählen Männer und Frauen unterschiedliche Grundhaltungen. Frauen neigen dazu, die Beine eher geschlossen und parallel zu halten – Männer zeigen gerne eine breite, geöffnete Beinhaltung. Die Sprache hilft uns wieder bei der Deutung. Ein breitbeinig sitzendes Mädchen wird als „unanständig" bezeichnet. Dies bezog sich anfänglich auf den damit zugeordneten Stand in der Gesellschaft.

Saß die Bäuerin breitbeinig, um durch diese Sitzhaltung und mit den, vor unerwünschten Einblicken schützenden, bodenlangen Kleidungsstücken eine unterstützende Arbeitsfläche zwischen ihren Oberschenkeln zu schaffen, betonte die „feine" Dame der Gesellschaft durch das absolute Schließen der Beine beim Sitzen, dass sie nicht mit ihrer Händearbeit den Lebensunterhalt verdienen musste. Auch heute noch scheint die (Arbeits)Stellung in Form des Sitzgebarens ein deutliches Signal zu geben. Nur hat sich der Bezug zur Arbeitstätigkeit verschoben. Aus der Bäuerin ist eher die Prostituierte geworden, und welches „anständige Bürgermädchen" möchte hier schon in Verruf geraten?

Männern hingegen wird, wenn es nicht übertrieben machohaft ausgedrückt wird, breitbeiniges Sitzen zugestanden. Durch eine Sitzhaltung mit auf 90 Grad gestellten Fuß-, Bein- und Hüftgelenken und entsprechender, paralleler Beinhaltung zum Beckenstand, würde der Genitalbereich in den Hintergrund gerückt. Um dieses wieder auszugleichen, werden die Beine geöffnet und wenn nötig das Becken leicht vorgeschoben. Wir finden hier also den Ausdruck eines archaischen Imponiergehabes wieder.

Welches Sitzverhalten gibt es geschlechtsunspezifisch?

Für beide Geschlechter gelten folgende, oft zu beobachtende Sitzpositionen und ihre Deutungen:

Beine übergeschlagen

Für die Übersetzung ist entscheidend, welches Bein Kontakt zur Erde hat (Standbein, Erdung) und welches Bein freien Spielraum hat (Spielbein). Mit der Erdung rechts drücken wir einen eher rationalen, regelhaften Standpunkt zum Geschehen aus, mit dem Standbein links einen eher emotional, neuorientierten.

Der weit verbreiteten Meinung, dass sich durch das Überkreuzen der Beine hin zum Gesprächspartner oder weg von diesem eine Zu- oder Abneigung deuten lässt, kann ich nach meinen Beobachtungen nur im „Paarbindungsverhalten" bejahen. In persönlichen, geschäftlichen Gesprächen hat m.E. nach die eigene Einstellung Vorrang.

Fußbewegungen

Die Bewegungen in den jeweiligen Spielbeinen geben weitere Hinweise. Ein leichtes Zucken im Fuß zeigt momentanes Unverständnis („Dieses Argument mag ich nicht!"). Tritt eine höhere Spannung im Fuß auf, so dass der Fuß hoch steht, sprechen wir von einer „Bremse". Das Gehörte oder auch (Un)Ausgesprochene wird wahrhaftig ausgebremst. – Bei drehenden Bewegungen des Fußes umkreist der Betreffende die eben gesagten Punkte. Kippt dagegen der oder kippen beide Füße nach Außen weg, dann ist der Bezug zur Realität verloren gegangen. (So lügt es sich auch leichter! Beobachten Sie einmal Kinder, wenn sie bewusst versuchen die Wahrheit anders dazustellen.) Der Boden der Tatsachen wird entzogen oder ist verloren gegangen.

Da fallen mir spontan die „Wipper" ein! Erklären Sie das bitte?

Ganzbeinbewegungen, wie Wippen und Zittern, die gerne als Nervosität „gedeutet" werden, zeigen tatsächlich eine nervale Reizung. Das bedeutet noch nicht viel. Die Situation wird nähere Auskunft geben können, ob und warum hier jemand motorische Bewegungsenergie freisetzt und damit eigentlich weglaufen möchte. Stehen die Füße dabei noch in Schrittstellung und das Gesäß wird ansatzweise kurz erhoben, ist die Flucht aus der Situation quasi schon vollzogen – sie wird geistig und verbal aber nicht kommuniziert. In solch einer Situation sollte das Gespräch vorerst beendet werden – eine sinnvolle Kommunikation kann so nicht mehr stattfinden.

Kennen Sie die Fernsehhaltung? Ich meine ausgestreckt daliegen und die Arme hinter dem Kopf verschränken ...

Streckt jemand seine Beine beim Sitzen weit von sich und liegt schon nahezu, so ist auch hier nur schwer ein „Sich-Stellen" im Gespräch möglich. Die Füße haben keinen Bodenkontakt, d.h. der Bezug zu den Tatsachen fehlt.

Die liegende Haltung erinnert an die Schlafstellung, in der wir uns äußerst sicher fühlen (müssen). Der weit nach hinten reichende Oberkörper verschafft Distanz, da das Empfangsorgan für Empfindungen, der Solar Plexus (Sonnengeflecht) außerhalb der angemessenen (Kommunikations)Reichweite ist. Die verbalen Antworten auf etwaig gestellte Fragen können den Fragenden zur Weißglut bringen und man bekommt infolge dessen auch keine wirklich konkrete Aussage.

Was macht man dann mit einem Gesprächspartner in Fernsehhaltung?

Ein bewusster Beobachter und Wissender versucht daher in dieser Lage gar nicht erst wichtige Gespräche zu führen. Der Andere nimmt doch alles nur als „Film" auf, an dem er nicht wahrhaftig beteiligt ist. (Daher der Name „Fernsehhaltung".)

Erst eine Veränderung der körperlichen Lage führt auch zur geistigen Einstellungsänderung. Die Form bestimmt die InFormA(k)tion! Werden Sie in einem solchen Falle also kreativ und lassen Sie sich etwas einfallen, den anderen zu bewegen – denken Sie daran: körperliche Bewegung zieht seelisch-geistige nach! Statt in „traditioneller" Art zu reagieren: „Der will ja sowieso nicht meine Meinung hören", agieren Sie, indem Sie z.B. aufstehen, um Erlaubnis bitten „x" oder „y" zu benutzen und schreiben Sie zudem etwas auf. In dem Moment, wo Sie die Flanke des „Liegenden" passieren, wird dieser sich aufrichten und Ihnen folgen ... er-folg-reiche Haltungsänderung!

Welche verschiedenen Sitzhaltungen gibt es?

Die oben beschriebenen, häufig zu beobachtenden Sitzpositionen sollen eine Anleitung darstellen, wie Sitzhaltungen zu deuten und zu übersetzen sind. Bei der Fülle der möglichen Varianten, in der Zusammensetzung von Fuß-, Bein- und Oberkörperhaltung ergeben sich immer wieder neue Deutungen für die jeweilige Person und Situation. Es würde daher den Rahmen dieses Buches sprengen, hier alle Möglichkeiten aufzuführen. Sie können, wenn Sie wollen, sich jede Variante selbst erarbeiten. Bleiben Sie nur an dem, was Sie sehen – beschreiben Sie dies mit klaren, einfachen Worten und hören Sie sich selbst dabei zu. Die ursprüngliche Körperfunktion für bestimmte Körperbereiche gibt dann ggf. in ihrer Benennung noch weitere nützliche Hinweise. Üben Sie und vermeiden Sie die Deutung nur einzelner Bereiche – so wird Ihnen jede Situation und Person erkenn- und deutbar sein.

Dann aber bitte noch Erläuterungen zu Sitzordnungen! Was lässt sich dazu sagen?

Wie schon zu Beginn dieses Kapitels erwähnt, drückt die gewählte Sitzordnung auch eine entsprechende Grundvoraus*setzung* zum Verhältnis der Gesprächspartner zueinander aus. Wie der Verlauf und das Resultat eines Gesprächs sein werden, hängt vielfach von der gewählten Position der Stühle und den darauf sitzenden Menschen ab. Grundlegende Sitzordnungsmodelle und deren Konsequenzen für die Ausgangslage und Stimmung während eines Gesprächs sind:

Konfrontationshaltung

Sitzen sich die Gesprächsteilnehmer direkt in Konfrontation gegenüber (Vis-a-vis), gibt es nur zwei Möglichkeiten: Entweder man ist sich einig – die Fronten stimmen überein – oder man ist unterschiedlicher Auffassung, Ansicht – die Fronten treffen folglich unweigerlich aufeinander. Im ersten Fall ist das Gespräch schnell beendet und beide Personen fühlen sich wohl. Im zweiten Fall kommt es zu einer Aus-ein-ander-setzung, der Kampf bestimmt die Wortwahl und Stimmung und es gibt einen Sieger und einen Verlierer. Diese Haltung – sowohl geistig als auch im Sitzverhalten – ist uns meist sehr vertraut und wir fühlen oft gar nicht mehr, mit welchen Spannungen wir uns schon setzen. – Versuchen Sie nur die Sitzhaltung auszuprobieren, ohne ein Gespräch zu führen. Erst das Fehlen der verstandes-orientierten Sprache macht uns unsere Gefühle wieder bewusst.

Diese Gegenüberstellung der Kontrahenten und Meinungen können wir auch in der Standhaltung nachvollziehen: Analog zur seelisch-geistigen Ebene decken wir unsere Flanken und teilen mit den Fäusten (Redeergänzung durch die Gestik der Hände – seelisch-geistige Handlungen in aggressiver Stimmung) aus. Die „Treffer" führen dann zu einem Punktgewinn. Schauen Sie sich einmal einen Boxkampf an und vergleichen Sie damit die verbale Ausdrucksform bei der Schilderung eines Konfrontationsgespräches („Schlag ins Gesicht", „in die Seite gefallen", „Volltreffer", „Hieb unter die Gürtellinie", „Schlagabtausch", „an der Schwachstelle erwischt", „nur leichte Verletzungen/Verluste davongetragen", „Vor-/Ratschlag" usw.).

Unsere SprachGewalt und das Ausleben von Konfrontationen unterscheiden sich nicht wesentlich von der körperlichen Auseinandersetzung beim Boxkampf.

Die Liste lässt sich sicher fortsetzen ... gibt es etwas Friedlicheres?

In einer polaren Welt muss es beide Aspekte geben! Die Astrologie spricht bei einer (Planeten)Stellung von 120 Grad von einem Trigon, welcher sich harmonisch auswirkt. Eben dieser Winkel in der Sitzhaltung zweier Menschen zueinander wird auch eine entsprechende Harmonie hervorbringen. Wir nennen sie die

Über-Eck-Sitzordnung

Dabei müssen sich beide Gesprächspartner, um Blickkontakt haben zu können, körperlich zuneigen und einander zuwenden. Eben dieses geschieht dann auch auf der seelisch-geistigen Ebene. Hinzu kommt, dass jeder Partner – und das sind sie in dieser Sitzposition wirklich – eine seiner Flanken aufdecken und sich damit verletzbar zeigen muss. Würde einer den anderen angreifen, würde er durch diese Handlung auch sich selber in der Flanke öffnen und entsprechend verletzbar machen. Der Gegenhieb würde ihn sofort treffen. Wir haben es also hierbei mit einer Sitzhaltung zu tun, bei der eher wohlwollend und fragend statt angreifend und feststellend verbalisiert und körpersprachlich gehandelt wird. Das verbale Verhalten ergibt sich dabei übrigens zwangsläufig, selbst*redend* wenn Sie Ihre Sitzordnung so wählen. Es bedarf keines bewussten „Umschaltens" in der Sprachwahl. Sie wird automatisch hervorgerufen. Probieren Sie es am eigenen Leib einmal aus.

Bevor Sie sich aber zu sehr freuen und meinen, die goldene Mitte gefunden zu haben ... diese Sitzordnung hat auch eine Kehrseite der Medaille. Ein Partner muss seine emotionale Seite offenbaren, der andere seine rationale. Einem souveränen und ausgeglichenen Menschen ist es möglich, auf Schutzsignale seines Gesprächspartners für eine bestimmte Seite (meist die emotionale) einzugehen. Diese „schwache" Seite sollte folglich nicht noch zusätzlich bedrängt werden, indem der Gesprächspartner sich auf diese Seite setzt. Haben beide Partner ähnliche Schutzbedürfnisse, wird diese Sitzordnung nicht unbedingt zum oben beschriebenen, harmonischen Gespräch führen. Es gehört eine Menge Vertrauen dazu, das zunächst zwischen den beiden aufgebaut werden muss.

Mit meiner Partnerin sitze ich meist nebeneinander – was macht das mit uns und unseren Gesprächen?

Gehen wir zunächst noch eine Stufe zurück. Wie haben Sie gesessen, als Sie Ihre Partnerin kennen gelernt haben? Wahrscheinlich in der Konfrontationshaltung, möglichst an einem kleinen, leicht zu überbrückenden Tisch (der Tisch steht symbolisch für die geistige Handlungsebene). Hier passt es, dass die Fronten geklärt werden – stimmen sie weitgehend überein, ist man ein Paar! Spätestens vor dem Standesbeamten nimmt man dann zum ersten Mal die so genannte

„Ehepaar"-Sitzhaltung

ein: Man ist sich einig, zeigt dies durch Schulterschluss und kann fortan gegen andere gemeinsame Front machen. Man sitzt nebeneinander. – Das bedeutet aber auch, dass eine wirkliche, ausführliche Kommunikation in dieser Sitzhaltung nicht mehr stattfinden kann. Man beschränkt sich auf kurze Verständigungskürzel, die oft sogar rein mimischer und gestischer Natur sein können („Satt? Gehen wir?" ... mit Kopfbewegung in Richtung Tür).

Bei geschäftlichen Gesprächen sollten sich nur echte Partner, die sich im Vorhinein geklärt haben, in diese Sitzhaltung begeben, um gegen andere gemeinsam ihre Argumente zu vertreten oder auch durchzusetzen. Zu eingehender Klärung bestimmter Punkte würde aus dieser Sitzhaltung heraus zumindest der Körper in Richtung 120-Grad-Stellung bewegt oder gar der gesamte Stuhl verrückt. Damit ist die Situation und inhaltliche Position eine andere und für ausführliche Kommunikationszwecke eine sinnvollere.

Zu Hause sitze ich gerne „Vor-Kopf". Das hat sich so ergeben ... was sagt das?

Hier braucht nicht viel gedeutet zu werden – das Oberhaupt hat natürlich den Vorsitz und steht einem Gespräch, der Tafelrunde, der Sitzung oder der Familie vor. Das muss jedoch nicht zwangsläufig in der Familie der Mann/Vater sein. Bereits kleine Knaben beanspruchen diesen Platz und die übrigen Familienmitglieder wundern sich dann über den kleinen „Tyrannen".

Die Vor-Kopf-Position ist besonders sicher, wenn die Flanken (rationale wie emotionale) von treuen Anhängern geschützt werden, unliebsame Teilnehmer möglichst weit weg sitzen, damit – sollten diese Einwände erheben wollen – sie mit ihrer Sprachenergie gar nicht bis zur Spitze vordringen können und potenzielle Streithähne sich entweder – sollte es erwünscht sein, dass gestritten wird – in Konfrontation gegenüber setzen oder – bei Harmoniebestreben des „Obersten" – in der Ehepaarstellung, gut eingekeilt von Tischnachbarn (so können sie sich nicht in andere Sitzpositionen bewegen), wieder finden.

Das lange Tüfteln an Sitzordnungen zu gesellschaftlichen Anlässen in früheren Zeiten hatte seinen guten Grund und sollte auch in unserer rationalen Welt wieder Einzug finden. Bedenken Sie: *Wer vorsieht, hat später nicht das Nachsehen – wer selber plant, der wird nicht verplant.*

Dann sind Tischrunden die optimale Lösung?

Ein gut besetzter, runder Tisch, an dem die Stühle wissend ausgerichtet werden, bringt nur gleichwertige Partner an die (Ver)Handlungsebene = den Tisch! Die Positionen von Konfrontation und Ehepaarstellung können vermieden werden. Nicht zuletzt deshalb wird bei hohen, meist politischen Gesprächen, aber auch bei echtem Meinungsaustausch mit Beteiligung aller Aspekte das

Round-Table-Gespräch
bevorzugt. Achten Sie jedoch auch hier auf die gesprochenen Worte und die tatsächlichen Gegebenheiten. Oft wird das Plenum oder das „Fußvolk" in einem Rund platziert, das Präsidium sitzt aber weiterhin als geschlossene Front dagegen und gibt durch „Brustbilder" (Deckung durch Tische) Worte im Brustton der Überzeugung von sich. Die wahren Einstellungen und Meinungen, einzusehen an Fuß- und Beinstellungen, werden meist durch abschirmende „Gardinchen" in diesem Bereich verschleiert. Wird in solch einer (Halb)Runde von Gemeinsamkeit gesprochen, darf das meist dahingehend verdeutlicht werden, dass der Vorstand oder die Vorsitzenden das Sagen haben (wollen).

Darf ich Sie zum Thema Sitzhaltung um eine Zusammenfassung bitten?

Leider ist das nur in groben Zügen möglich, denn auch hier gibt es Vielfalt!

Auch wenn Menschen eher „Hocker" und „Läufer" statt „Sitzer" sind, ist Sitzen eine Körperhaltung, die Entspannung und Entlastung bringt und geistige Aufnahme unterstützt. Dadurch wird Energie für eine Fülle von Aktivitäten, Bewegungen und Gesten frei: eine ideale Position für kommunikativen Austausch! Für geistige Beweglichkeit (Ver- und Erarbeitung von Informationen) ist Sitzen jedoch nicht geeignet. Hier sollte ein (Spazier)Gang bevorzugt werden. – Ausgeglichen, aufrecht und souverän sitzen heißt:

⋯→ Beine stehen hüftbreit auf dem Boden,
⋯→ Füße stehen fest auf der Erde,
⋯→ Oberkörper ist aufrecht, ohne Spannung oder Unterspannung,
⋯→ Kopf zeigt gerade in Richtung Gesprächspartner,
⋯→ Arme liegen auf der Armlehne, auf den Oberschenkeln oder auf dem Tisch,
⋯→ Hände mit den Handinnenflächen nach unten.

Abweichungen lassen sich übersetzen:

Position auf der ganzen Sitzfläche	Person ist geistig nicht leicht wegzubewegen
Position auf der Stuhlkante	Person ist auf dem Sprung, fügt sich Wünschen anderer. Bei Frauen: erotische Beinposition dadurch möglich!
Position auf halbem Stuhl	Auf dem Sprung sein, weg wollen
Sitzen auf der Armlehne	Dominanzbestreben in der Situation, Versuch der (Schein-)Souveränität
Kurzes Erheben vom Stuhl	Unangenehmer Reiz führt zum Fluchtverhalten, welches angedeutet wird
Oberkörper aufrecht	Vitalität, aktives Teilnehmen
Oberkörper eingesunken	Passivität, kaum Handeln
Verriegelung der Knöchel	Zurückhaltung und innere Spannungen lassen keinen freien Kommunikations-Lauf
Füße um Stuhlbein geschlungen	Standpunkt wird festgeklammert und nur schwer verlassen
Übergeschlagene Beine	Erdungsbein (rechts/links) gibt Hinweis: rationale oder emotionale Aktivität
Offene Beinhaltung	Männliches Imponiergehabe, Aggressionen
Offene Beinhaltung mit Beinbarriere	Schutz, Zurücknahme der Provokation
Geschlossene Knie	Meist bei Frauen als Konvention der Zurückhaltung, gesellschaftliche Norm und Stellung (anständig)
Gestreckte Beine	Entspannung, Freizeitgebaren, „Fernseh-Haltung"
Trittbewegung mit Füßen	Reaktion auf nicht akzeptablen Reiz

In Sitzordnungen setzen wir Übereinstimmungen, Fronten, Differenzen, Miteinander oder Gegeneinander bereits beim Einnehmen der Sitzordnungen fest!

Nebeneinander:	Vertraulichkeit, Intimität, gemeinsame Front gegen andere („Ehepaar-Stellung")
Vis-a-vis:	Konfrontation in der Sache, Suche nach Gemeinsamkeiten
Über Eck:	Meidung der Konfrontation, direkter gemeinsamer Kontakt möglich, bewegliche Gesprächssituation, Einblick in Unterlagen
Round Table:	Gleichrangigkeit der Beteiligten

9. Was bedeutet Gestik?

Hände sind das sensibelste und vielseitigste Werkzeug des Menschen. Mit den Händen wird die Welt begriffen, durch die Hände wird gehandelt. Analog dazu begreifen wir im Geist, handeln durch Worte. Um diese Welt zu begreifen, nutzen wir die entsprechenden Werkzeuge: die Hände in Verbindung mit den Armen. Aus den Begriffen Handwerker, Handfertigkeit, Unterhändler wird dann auf geistiger Ebene die Verhandlung.

Neben den bereits im Abschnitt „Haltung" (siehe S. 23ff) beschriebenen grundlegenden Bedeutungen unserer Handhaltungen am und zum Körper, gibt es noch eine Reihe aufschlussreicher Bewegungen.

Was beschreiben die Hände und Arme und was meinen wir mit diesen Gesten?

Jede verbale und emotionale Handlung wird durch ent*sprechende* Aktionen von Armen, Händen und Fingern wiedergegeben. So erfährt alles Gesagte eine Redeergänzung: bildhaft durch die Bewegungen dargestellt. Ohne Gestik wird nur 50 Prozent der Botschaft eindeutig! Dazu ein Beispiel: Versuchen Sie ohne Zurhilfenahme der Arme und Hände einem Menschen, dem Wendeltreppen unbekannt sind, eine solche zu beschreiben! Die Worte werden nicht ausreichen. Das Bild beim Gegenüber fehlt. Zeichnen können wir mit Stift und Papier – oder mit den Armen und Händen. Und *die* haben wir immer dabei!

Uns wurde in der Erziehung vermittelt, nicht mit Händen und Füßen „rumzufuchteln" – sollen wir das jetzt wieder tun?

Genau! Eltern wollten uns zu sprachorientierten Menschen machen. Und vielleicht unwissentlich davor schützen, mit all zu großen Bewegungen in das Territorium anderer einzudringen und somit Konflikte heraufzubeschwören. Je mehr wir jedoch im Laufe unseres Lebens dem rationalen, sprachgesteuerten Teil unseres Daseins Raum geben, umso mehr ver*arm*t der beschreibende und klärende Teil unseres bildhaften Kommunikationsanteils in seiner Offenbarung durch die beschreibende Gestik. Schauen Sie sich dazu Kinder an, denen ein umfangreicher Wortschatz noch fehlt. Mit Füßen und Händen werden da Erlebnisse übermittelt – und selbst wer die Worte nicht versteht, versteht den Hergang. Daher reagieren Kinder in Erklärungen auch eher auf den bildhaften Anteil und viel weniger auf den reinen verbalen.

Um etwas zu begreifen, braucht jeder Mensch den bildhaften und sprachlichen Anteil – sonst können wir uns kein Bild von dem Neuen machen. Daher greifen wir dann auch gern zu Papier und Stift, wenn eine Erklärung ausschließlich mit Worten zu schwierig wird. Falls diese nicht zur Hand sind: Erlauben Sie sich den Einsatz Ihrer Arme und Hände wieder.

Also zurück zur Kinderdarstellung und die Elternbotschaften vergessen?

Wie wäre es mit der Mitte? Denn auch die im Flankenschutz betriebenen Vorsichtsmaßnahmen vor erneuten Verletzungen (siehe Abschnitt „Haltung") steuern ihren Behinderungsanteil bei. Da verkümmern Bewegungen, verursacht durch ein ständiges Anspannen der Oberarme am seitlichen Körper, sowie das freie Gestikulieren im zur Verfügung stehenden und zustehenden Raum. Dieser ist dann bestimmt durch die Schulterbreite. Ein Überschreiten dieser „Grenze" würde einen „Luftangriff" auf das Territorium des potenziell anderen darstellen.

Besonders für Vorträge und zur Veranschaulichung von Gesagtem sollten wir uns der vielen bildhaften Möglichkeiten, die uns unsere Hände und Arme bieten, nicht berauben. Unsere Atmung gewinnt bei aktiver Inanspruchnahme des kompletten Schatzes an Gesten an Dynamik, die Stimmführung bräuchte dann kein bewusster Vorgang sein, sondern wäre ein selbstverständlicher und natürlicher.

Können Sie bitte einige Beispiele für freies Reden, verbunden mit authentischer Gestik geben?

1. Beispiel: Hinhören und Informationsaufnahme
Spricht Ihr Gegenüber, dann sollten Sie deutlich signalisieren: „Ich bin ganz Ohr und halte meine eigenen Worte gerne zurück." Das sieht non-verbal so aus: Sie stehen aufrecht, sind dem Sprechenden zugewandt und Ihre Arme hängen, die Hände und Finger sind entspannt! Ihr Körper hat aber eine gewisse Spannung, sonst zeigen Sie Desinteresse, Unterwürfigkeit oder starke Belastungen. Jede sonstige Form von *Hand*lung (Spannungen, Bewegungen in den Armen/Händen) zeigt: „Ich will auch was sagen." Bitte nicken Sie, wenn Sie verstehen (das heißt noch nicht einverstanden sein!).

2. Beispiel: Argumentieren
Legen Sie Ihre Argumente und Angebote offen! Körpersprachlich tun Sie dies mit der nach oben geöffneten Hand. Die Oberarme müssen sich jedoch auch nach vorne bewegen, sonst bleibt der Eindruck haften: „Da wird etwas zurückgehalten, nicht *offenbart.*" Wo keine „Waffe" verborgen ist und Empfindsamkeit gezeigt wird, nimmt jeder Mensch gerne etwas an: „Der frisst mir aus der Hand!" – Sie kennen das Sprichwort?! Nun wissen Sie, wie erfolgreich „gefüttert" werden kann ...

3. Beispiel: (Geistige) Beweglichkeit
Sie treffen einen Kollegen auf dem Flur. Sie nutzen die Gelegenheit, ihn auf die Dringlichkeit von benötigten Unterlagen anzusprechen – Sie wollen den Mitarbeiter *bewegen*, sich schneller zu bewegen!

„Herr Müller, gut, dass ich Sie sehe!"	Sie *schauen* ihn mit einem Lächeln an und strecken den linken, den Gefühlsarm in seine Richtung in die Höhe.
„Können Sie sich vorstellen, in welcher Not ich mich befinde, den Zeitplan für unser Projekt einzuhalten?"	Offene Hand in Richtung des Kollegen, bei „Not" Hand aufs Herz, ausatmen, Arme fallen lassen.
„Wie schnell können Sie mir die dringend benötigten Unterlagen geben?"	Rollbewegung der Hände (Schnelligkeit), offene Hand bei „Sie", Arm/Hand wieder zum eigenen Körper zurückführen = als ob Sie die Unterlagen schon annehmen.

4. Beispiel: Visualisieren des eigenen, inneren Bildes

„Ich benötige einen 60 x 80 Zentimeter großen Behälter!"	„Zeichnen" Sie Maße in die Luft auf Brusthöhe – nur wenige Menschen haben eine Vorstellung (= inneres Bild) von Maßangaben in Zahlen!
„Das kann ich nicht akzeptieren!"	Schieben Sie mit beiden Händen etwas (das Gesagte) von sich weg. Möglichst zur Seite – so entschärfen Sie die (geistige) Konfrontation.
„Das haben Sie hervorragend gemacht!"	Sie stehen seitlich zum Partner, führen die offene Hand in Richtung des Schulterblattes. Berührungen nur bei vertrauten Personen. So geben Sie Unterstützung und Anerkennung.

Oft beobachte ich bei mir Gestik, wenn mir die Worte ausgehen. Kann eine Geste Worte denn generell ersetzen?

Manche Gesten sind eindeutiger als viele Worte! Winken Sie jemanden zu sich heran, brauchen Sie keine Worte. In der Redeergänzung durch die Beteiligung von Händen und Armen liegt bereits eine Mischung. Sprechen wir von einer Sache oder einer Situation, können wir Details mit Hilfe der Gestik einfügen: „Ich habe mir einen Tisch gekauft." In Verbindung mit einer runden Darstellung der Hände in ca. 50 Zentimeter Höhe lässt sich erkennen, um welche Art von Tisch es sich handelt. Tausend Worte würden nötig sein, um alles genauestens zu beschreiben – und dann hat doch noch jemand ein anderes Bild im Kopf. Sprechen wir von dem gleichen Bild, indem wir es sehen, können wir auch darüber reden. Sonst spricht jeder von seiner eigenen Realität!

Selbst am Telefon sprechen viele Menschen mit den Händen, ohne dass der andere sie – verstandesmäßig – sehen kann. Jedoch liegt hier ein Trugschluss vor. Von jedem Gesprochenen machen wir uns ein inneres Bild, sogar vom Sprecher selbst.

Steht man dann einem Menschen nach längerem Telefonkontakt einmal persönlich gegenüber, ist das innere Bild so klar geprägt, dass die Enttäuschung folgen muss: „Ich habe mir Sie ganz anders vorgestellt!" Wie schwierig ist es doch, zu telekommunizieren. Glauben wir doch, genau das verstanden zu haben, was der andere gesagt und gemeint hat. Ohne nähere non-verbale Informationen muss da ein Großteil der Information „ausgedacht" werden und kommt möglicherweise nie zur Klärung. Oder Sie erhalten verspäteten Aufschluss: „Ach, *das* hast du damit gemeint!"

Wird Gestik in anderen Kulturen so wie bei uns eingesetzt?

Es gibt vereinbarte Gesten, die in unterschiedlichen Kulturen tatsächlich andere Bedeutungen haben und Verwirrung stiften, wenn wir sie dort anwenden. Dies ist aber ein gesondertes, umfassendes Gebiet. – In der heutigen, multikulturellen und schnelllebigen Zeit kann es passieren, dass wir ein scheinbar für unseren Kulturkreis definiertes, vereinbartes Zeichen verwenden und damit den größten Ärger verursachen. Denn auch bei uns sind kulturelle Veränderungen durch die Übernahme von Fremdaussagen zu beobachten!

Legen Sie bitte einmal Daumen und Zeigefinger zu einem Kreis zusammen. Was bedeutet dieses vereinbarte Zeichen für Sie? – Das Zusammenlegen von Daumen und Zeigefinder zu einem Kreis, hochgehalten und zum anderen gedeutet, heißt im amerikanischen Herkunftsbereich „Alles OK". Ein alteingesessener Deutscher jedoch versteht dieses Zeichen als „Arschloch" und wird nach dieser (non-verbalen) Äußerung schwer gekränkt sein und den Kontakt zu dem anderen Menschen bis auf weiteres abbrechen. Das wiederum stößt dann beim Verursacher auf Unverständnis ...

Störungen auf dieser Verständigungsebene sind in Sekundenschnelle geschehen und oft nicht mehr bewusst nachvollziehbar. Achten Sie auf Ihre unbewussten Zeichen, die Sie geben und machen sich deren Bedeutung klar. Beim Kontakt mit anderen Kulturgruppen sollten wir daher zunächst ganz darauf verzichten, um Missverständnisse und Ärgernisse zu vermeiden.

Das berühmte Verschränken der Arme hatten wir schon. Was bedeuten ...
... hingegen hängende, passive Arme?

Je nach Gesamtbild und Situation: Ge*lassen*heit (hier kann jemand seine eigenen Handlungen lassen), keine momentanen Handlungen = Kommunikationsbereitschaft zu erwarten, Resignation oder Enttäuschung (in Verbindung mit der Gesamtkörperhaltung und Mimik!).

... verschränkte Arme vor der Brust mit hochgezogenen Schultern?

Keine Annahme von Informationen (mehr). Vielleicht möchte der Gesprächspartner auch einmal was sagen?

... verschränkte, lockere Arme vor der Brust?

Eigener Tatendrang ist zurückgehalten; aktives Zuhören ist gewährleistet.

... Bewegungen beider Arme, weite Bewegungen?

Aktivität in Geist und Seele, selbstverständliches Vertrauen, Geben und Nehmen.

Und was bedeutet es, wenn die Oberarme an den Körper gedrückt werden?

Angst (= Enge) vor Aufmerksamkeit, Unterdrückung von geistigen/emotionalen (Re)Aktionen und Bewegungen. Dabei die Rechts-/Links-Priorität bitte beachten: Rechts reduziert – Entscheidungsprobleme (Rückhalt); Links reduziert – sparsamer Gefühlsaustausch.

Werden ein oder auch beide Ellenbogen seitlich eingestützt: Verteidigung und/oder symbolische Abwehr des Gesagten/Gehörten.

Nach hinten gezogene Arme: Rück-Zug vom Handeln, Gewährenlassen, keine Ein-Sicht der Handlungs-Absicht. (Die mögliche Handlung ist nicht zu sehen = Misstrauen zum Gesagten!)

Und was ist mit den Händen?

Die offene Innenhand ist unsere sensible Seite. Offenlegung heißt Vertrauen, friedvoll, wohlgesonnen. Geschenke und Argumente sollten aus der offenen Hand kommen!

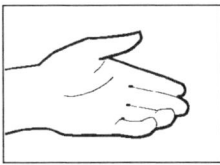 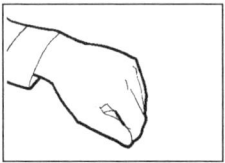

Die verdeckte Hand hingegen verbirgt Tatsachen, Absichten. Gefühle werden abgeschirmt (siehe Rechts-/Links-Priorität).

Bei einer geschlossenen Hand werden Informationen erfasst! Gilt auch bei Überlegung, Nachdenken, Haltsuchen, Prüfung!

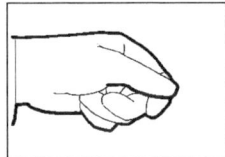 

Die geballte Hand spricht von einem aggressiven Reiz, respektive einem Ausdruck, der so beantwortet/ausgedrückt wird.

Dominanzbewegungen kommen beim Empfänger selten gut an! Bogenförmige Bewegungen (von oben nach unten) lösen Widerspruch aus (Schulterklopfen, Fingerzeig) und führen zu Konfrontation und Aggression.

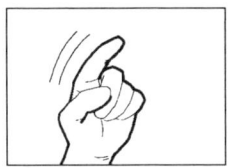

Kennen Sie diese Haltung (bei sich selbst)?

Die Faust in der Hand baut eine Schutzmauer mit den so aufgestützten Ellenbogen auf, es besteht eine erhöhte innere Spannung.

Ich benutze gerne Daumen und Zeigefinger – das heißt ...?

... Pistolenhaltung! Sie ist eine Geste der Verteidigung und Warnung. Man kann sie einzeln übersetzen: „Ich (Daumen) weiß es besser (Zeigefinger)!" Dahinter steht auch eine geballte Ladung „Drohung" (Faust).

Und diese Geste?

Wir nennen sie die Pyramide. Sie drückt die Suche nach argumentativen *Berührung*spunkten aus. Hier wird sensibilisiert und Fingerspitzengefühl für adäquate Worte entwickelt.

Sie haben gerade schon einzelne Finger angesprochen. Was sagen die über mich und andere?

Im Detail eine Menge! Aktuelle Reize, aber auch besondere Muster kommen hier zum Ausdruck. Fangen wir mit dem *Daumen* an: Er ist der motorisch stärkste Finger und wird als Dominanz-Finger beschrieben. Er übt Druck aus. Daher steht er für alle ich-bezogenen (Re)Aktionen. Im Extremfall für Prahlerei mit eigenen Leistungen oder Ideen. Wir nennen ihn kurz den

„EGO"-Finger

Der *Zeigefinger* ist der sensibelste Finger (er hat mehr Nervenenden als die übrigen Fingerkuppen) und steht für das Wissen, aber auch BesserWissen. Immer, wenn ein Mensch etwas weiß, möchte er dies auch kundtun: Schwups, aktiviert der Zeigefinger seine Ausdrucksenergie! „Man zeigt nicht mit nackten Fingern auf angezogene Leute", so die Erziehungsmaßnahme. Aber ich muss der Welt doch zeigen, dass ich es tatsächlich weiß und schon werden anstelle vom erhobenen Zeigefinger Ersatzfunktionen eingesetzt: Stift, Brille, Zeigestöcke oder als Hightech-Variante der Laserpointer ... mit gleicher Wirkung! Der Zeigefinger ist demnach der

„BESSERWISSER"-Finger

Mittelfinger stehen im Ausdruck für Selbstgestaltung/-Betrachtung. Das Herausstellen oder eine Selbst-Berührung lässt den Wunsch nach Anerkennung/Lob erkennen. Kurz der

„SELBSTWERT"-Finger

Unser Gefühlsfinger ist der *Ringfinger*. Er bewegt sich mit dem Mittelfinger zusammen (eine Sehne). Daher hat er eher eine passive Rolle und wird durch Selbstberührungen oder Markierungen (Ringe = Paarbindungssignale des Gefühls der Bindung) hervorgehoben. Erklärt auch die Bezeichnung Ringfinger ...

„GEFÜHLS"-Finger

Wir haben sogar einen Gesellschaftsfinger! Den *kleinen Finger* kann man so bezeichnen. In früheren Zeiten war das Abspreizen desselben ein Zeichen von neuerworbener Vornehmheit. Heute sieht man die Betonungen des gesellschaftlichen Wertes und Ansehens oft an Ringen oder langen Fingernägeln. Der kleine Finger ist unser

„GESELLSCHAFTS"-Finger

Dann ist es ja ganz leicht abzulesen, was einen Menschen gerade innerlich bewegt ... ich brauche nur auf seine Finger zu schauen!?

Achtung! Die Finger sind genauso wenig für sich allein zu betrachten wie die übrigen Körperregionen. In so mancher Gesprächssituation kann mir die Fingerbewegung jedoch einen *Fingerzeig* auf die unausgesprochenen Regungen geben. – Nehmen wir einmal an, Sie erzählen gerade etwas. Ihr Gesprächspartner zeigt alle Signale des aktiven Hinhörens. Und dann plötzlich stellen sich seine Daumen aus den noch bis eben gefalteten Händen auf. Dann wieder Entspannung. Die Daumen stellen sich ab jetzt immer häufiger auf, bis sie gar nicht mehr in der Faltung verschwinden. Was sagt Ihnen das?

Verstehe! Jetzt möchte der andere sprechen, oder?

„Was ist mit mir? Warum fragst du mich nicht mal oder lässt mich zu Wort kommen?" So oder ähnlich ist die wörtliche Übersetzung des Signals.

Mir schwirrt der Kopf! So viele Einzelheiten – wie wäre es mit einem weiteren Beispiel?

Was halten Sie von anschaulicher Gestik in Präsentationen und Vorträgen? – Eine Vortragseröffnung ist gestisch gekonnt, wenn Sie vor Beginn Ihrer Präsentation

⤳ schweigen, aufrecht stehen (= aufrichtig!),
⤳ Gewicht auf beiden Beinen haben – das macht wichtig,
⤳ leichte Spannungserhöhung im Gesamtkörper erzeugen,
⤳ Arme und Hände hängen lassen,
⤳ innerlich bis drei zählen,

⋯⇥ Blickkontakt (Re-Spektieren = Blick zurückgeben) zu den Zuhörern aufnehmen und
⋯⇥ lächeln, also freundlich sind (so macht man sich Freunde!).

So demonstrieren Sie: „Ich bin handlungsbereit, respektiere meine Zuhörer!" und erhalten Respekt zurück.

Wie sieht eine gelungene Gestik bei „trockenen" Sachthemen aus?

Ich denke, alles kann durch Gestik visualisiert und damit erfrischend vorgetragen werden: „Wenn wir der Produktionsplanung A folgen, ergibt sich daraus eine 18-prozentige Mehrarbeit." Sachlich richtig, aber wie nehmen die Empfänger diese Information an?

„Plan A bedeutet fünf Stunden	→	Zeigen Sie die Ziffer fünf
zusätzliche Arbeitszeit,	→	mit den Fingern,
Steigerung der Papierberge	→	mit den Händen Stapel
und weniger Zeit für das	→	darstellen, auf Ihre
Übrige!"	→	Armbanduhr deuten.

Ein Bild sagt mehr als tausend Worte ... oder schauen Sie sich vor dem inneren Auge folgende Szenen an – Sie können sie auch gerne ausprobieren:

„Was nun?"	→	Ziehen Sie Ihre Schultern
(Fragen stellen)		hoch, diese dann aktiv fallen lassen; ausatmen.
		Öffnen Sie Hände und Arme nach vorne
		(zum Empfang von Antworten!).

„Die beiden Seiten	→	Bewegen Sie Ihre beiden Arme und Hände
dieser Thematik ..."	→	parallel (Abwägen, Entscheiden) hin und her
	→	– so *sehen* die Zuhörer die Mitte.

Ich weiß oft nicht, wohin mit den Händen ...?

Sitzen Sie am Tisch, legen Sie Ihre Hände auf selbigen. Stehen Sie, lassen Sie sie hängen. (Die Schwierigkeit besteht in der nicht vorhandenen inneren Gelassenheit.)

Tische stehen symbolisch für die geistige (Ver)Handlungsebene. Ihre Handlungen sollten von allen Gesprächsteilnehmern ein*seh*bar sein – so werden Ihre Argumente dann auch eher eingesehen. („Man kann Ihnen nichts abschlagen.") Legen Sie Arme und Hände in Schulterbreite auf den Tisch. Nehmen Sie so Ihre Handlungsebene in Besitz. Hände unter dem Tisch verbergen Inhalte und Sie wirken unglaubhafter. Sie brauchen auch keinen „Halt" an Stuhllehnen – oder ist Ihr Argument „haltlos"?

Legen Sie die Handflächen beim Hinhören nebeneinander, mit den Handflächen nach unten. So sind Sie startklar für eigene Handlungen = Argumente. Beim Reden führen Sie die Hände und Arme gemäßigt mit – durch zu großräumige Bewegungen dringen Sie in das (geistige) Territorium des Nachbarn ein ... und dieser „wehrt" Ihre Argumente, statt Ihre Ellenbogen ab!

Achten Sie auf Ihren unbewussten Einspruch durch Fingerzeige! Wenn Ihr Zeigefinger oder Daumen sich „erhebt", sollten Sie besser Ihre Stimme erheben und so zum Ausdruck bringen, was Sie (besser) wissen.

Manchmal mache ich auch völlig absurde Gesten – geben die auch Sinn?

Sie meinen Übersprungsgestik. Hier einige Beispiele und ihre Bedeutungen: Ihr Gespräch hat einen kritischen Punkt erreicht. Der Gesprächspartner sagt etwas, was Ihnen gar nicht gefällt ...

Sie wischen auf dem Tisch imaginären Staub	→	Dies Argument wischen Sie weg!
Sie ordnen Ihre Unterlagen zurecht	→	Sie ordnen Ihre Gedanken, suchen nach (neuem) Halt.
Sie nehmen einen Stift	→	Ersatz für den Zeigefinger
Sie klopfen damit	→	Pochen auf Ihr Wissen
Sie berühren Ihre Nase	→	Sie prüfen das Argument
Sie kratzen sich	→	Dieses Argument „juckt" Sie ...

Wie sieht eine „offene" Gesprächsführung aus?

Schnell sagen wir „Ehrlich", „Offen gesagt" oder „Ich will mal ganz offen sein" – bleiben dies jedoch nur Lippenbekenntnisse, wird jeder Zuhörer misstrauisch. Deshalb beachten Sie bitte folgende Dinge:

···》 Mit Ganzarmbewegungen in Schulterbreite aktivieren Sie Ihre Atmung und Stimmführung. Sie signalisieren Offenheit für „Geben und Nehmen".

···》 Ihre Hände sollten immer sichtbar sein! Nähen Sie (im Geiste) Ihre Hosentaschen zu ...

···》 Gewöhnen Sie sich an die offen(siv)e Handhaltung: Jede Hand-/Armbewegung kann mit nach oben zeigenden Handflächen ausgeführt werden oder enden.

···》 Vermeiden Sie die Betonung/Herausstellung einzelner Finger. Die Schalenform lässt noch genug Spiel- und Ausdrucksform.

···》 Setzen Sie sooft wie möglich beschreibende Gestik ein. Das macht Sie „lebendig". Alles, was Sie sagen, bleibt so besser in Erinnerung.

10. Wie wird Mimik übersetzt?

Mimik wird in Zusammenhang mit „Gebärden- und Mienenspiel eines Schauspielers" genannt. Das Wort lässt sich von Mimikry (= Schutzfärbung, Anpassung) ableiten. Unsere Gesichter (Gesichtssinne) sind also Ausdrucksbereich für die Bühne unserer Gedanken, Gefühle und Absichten.

Es gibt aber so manches „Pokerface", in dem nichts gelesen werden kann. Wie kann ich solch einen Menschen erkennen?

Was auch immer diesen Menschen innerlich bewegt hat, sein Inneres eben nicht zu zeigen, es ist leider nicht selten! Kaum ist das Gesicht, das wir zeigen, unser Wahres, gilt es doch das Gesicht nicht zu verlieren! Hier steht Angst im Hintergrund und macht uns zu Schauspielern und Maskenträgern, um nicht unsere wahre Befindlichkeit zu offenbaren, sondern lieber „das Gesicht zu wahren".

Das falsche Lächeln und das gute-Miene-zum-bösen-Spiel-machen sind die unehrlich nach Außen dargestellten und im Inneren gegenteiligen Gemütszustände der heutigen Zeit. Für jeden Anlass haben wir uns im Laufe der Zeit das passende (Alltags- wie Sonntags)Gesicht zugelegt. Mit Schminke, falschen Wimpern bis hin zu operativen Eingriffen lassen sich dann die Gesichter in die gewünschte Form bringen und verschleiern unsere wahre Identität. Und wehe jemand wagt am Lack zu kratzen oder gar die Maske zu lüften.

Hat diese Maskierung Auswirkungen auf das Sein?

So wie der Inhalt (Geist) die Form prägt, kann auch die im Außen bereits bestehende Form eine Wirkung auf die noch nicht vorhandene Innerlichkeit haben. Durch äußerliches Üben und Erfahren kann das Innere sich mit der Zeit anpassen und hineinwachsen. So gibt es Menschen, die sich ihr Gesicht schminken und einen bestimmten Gesichtsausdruck damit manifestieren (z.B. Schmollmund). Die damit verbundene innere, kindliche Klein-Mädchen-Haltung wird sich bei ausschließlichem Einsatz („Ungeschminkt gehe ich nicht aus dem Haus!") wie ein roter Faden durch die Lebenshaltung ziehen.

Was teilt uns dann die körpersprachliche Deutung der Mimik mit?

Egal, ob es sich nun bei den mimischen Ausdrücken um den Versuch handelt, etwas noch nicht Vorhandenes vorzugeben oder ob es sich tatsächlich um eine Äußerung der vorhandenen Innerlichkeit handelt, die Mimik entscheidet über unseren ersten persönlichen Eindruck: In EINEM *Augenblick* sagen uns die Augen eines Menschen mehr als tausend Worte. – Die gravierenden Ereignisse des Lebens furchen sich, meist unliebsam vom Betroffenen betrachtet, deutlich für jeden sichtbar in die Haut ein. So tragen wir dann schlussendlich doch noch unsere ehrliche Haut zu Markte.

Um die körpersprachlichen Erscheinungen von Mimik zu übersetzen, können wir uns einmal mehr an der physiologischen Ebene orientieren und diese auf die seelisch-geistige übertragen.

Leichter gesagt als getan! Welche Analogie können wir anwenden?

Es ist, wenn man es weiß, einfach: Analog zur physischen Nahrungsaufnahme verläuft die der geistigen. Ich gebe Ihnen ein Beispiel: Zunächst sehen wir einen Apfel an, den wir ggf. zu uns nehmen wollen. Der Anblick eines Menschen und die Zuordnung der möglichen (genießbaren oder unverdaulichen) Inhalte entsprechen diesem Vorgang. Werden die Augen weit gestellt, sollen alle Informationen aufgenommen werden, Interesse herrscht vor. Bei zusammengekniffenen Augen wird geprüft und noch abgewogen.

Nach der Besichtigung folgt die nächste Stufe: das Begreifen (eine Prüfstufe außerhalb der Mimik = die Hände greifen ein). Stellt sich hier ein befriedigendes Ergebnis heraus – der Apfel fühlt sich fest und reif an –, wird dann mit dem Riechsinn eingehender geprüft. Bei fremden Speisen, die uns vorgesetzt werden, tun wir das instinktiv. Ebenso prüfen wir einen Menschen oder eine Sache eher unbewusst mit der Nase. Die Finger sensibilisieren durch Reiben, Streichen oder Zupfen an der Nase um festzustellen, ob „die Sache stinkt" oder angenehm ist. „Ich kann dich nicht riechen" weiß der Volksmund dazu zu sagen. Kommt es in dieser Phase zu einem positiven Prüfergebnis, folgt der alles entscheidende „Biss".

Wir haben die Information wie den Apfel geschluckt?

Fast! Die Aufnahme der Nahrung/Information erfolgt und kann nun Gutes oder Übles bringen. Sollte nun doch ein schlechter Geschmack entstehen („Die Sache schmeckt mir nicht!"), gibt es eine Notbremse. Der Apfel/die Information wird wieder ausgespuckt! Kinder machen dies noch sehr ursprünglich, indem sie einfach die Zunge – auf der die aufgenommene Information liegt – herausstrecken und „Bäh" rufen.

Erwachsene neigen eher dazu, auch schwer Verdauliches zu schlucken, woran sie zu würgen haben und „es" dann schließlich schwer im Magen liegt. Das „Auskotzen" als letzte Möglichkeit des Rückgängigmachens wird oft viel zu spät und nicht in der Angemessenheit der Mittel vollzogen.

Die sprachliche Analogie ist nirgends so deutlich zu erkennen wie in dieser, letztlich das Überleben entscheidenden Handlung der Nahrungsaufnahme in Verbindung zur geistigen Aufnahme. Die daraus entstehenden mimischen Verhaltensweisen werden oft nicht in Worte gebracht und durchlaufen somit den physischen Bereich mit allen entsprechenden Beschwerden („Etwas liegt schwer im Magen", „Die Situation xy bereitet Bauchschmerzen" oder „Ich habe Schiss vor ...").

Was kann ich als Gesprächspartner tun, wenn ich sehe, dass an der von mir gegebenen Information gekaut, gewürgt oder diese nur schwer verdaut wird?

Ein guter Beobachter und Wissender kann tatsächlich in so manchem Gespräch dem Verdauungsprozess hilfreich sein. Kaut jemand an der gegebenen Information offensichtlich herum, sollte die Verdauung durch noch kleinere (Denk)Häppchen erleichtert werden. Haben wir dann den Apfel/die Information geschluckt, kann weiter verdaut und auch nachgefüttert (= weiter geredet) werden.

Darf ich Sie um einige weitere Denkanstöße für die Analogie Mimik bitten?

An dieser Stelle möchte ich jetzt die Fragen stellen und Sie überlegen – am besten fühlen Sie sich in eine entsprechende Situation ein und beobachten Ihre eigene Reaktion ...

Was „machen" die Augen, wenn Sie:
- etwas Begehren, Angenehmes sehen, interessiert sind, Aufmerksamkeit ausdrücken? – Weite Öffnung: die Information soll vollständig aufgenommen werden!
- prüfen, Unangenehmes sehen, skeptisch oder abweisend sind? – Engstellung: Die Information soll nur bedingt eingelassen werden!
- fixieren, drohen, Konfrontation ausdrücken oder eine Kampfansage machen? – Intensiver Blick: Fokussieren auf die Information!
- ermüdet sind, keine Information mehr aufnehmen können und wollen, überbeansprucht sind? – Geschlossene Augen: Bitte kein Informationsfluss mehr!
- Hilfe erflehen oder die „höhere Instanz" anrufen? – Blick nach oben: „Bitte, lieber Gott – oder wer auch immer –, hilf!"
- Scheu vor Neuem ausdrücken, Vergleich mit bekannten Tatsachen prüfen? – Blick nach unten: Der Boden um die Füße steht für den bereits bekannten Erfahrungsraum.
- eine Vorstellung in der Zukunft anvisieren? – Blick nach vorne: In der Ferne liegt die Analogie zur Zukunft!
- bei einem lang „wegbleibendem" Blick verweilen? – Flucht (aus dem Fenster?) auf der geistigen Ebene. Die Kommunikation ist abgebrochen!

Und, war es schwer? Wir kennen uns meist besser in der Körpersprache aus, als wir es wissen!

Stichwort Mund – darf ich Sie jetzt wieder um Denkanstöße bitten?

Sicher. Machen Sie zu meinen Stichworten die entsprechende Mundbewegung und prüfen Sie die Inhalte:

Weit geöffneter Mund	Mächtige Information – Staunen, Überraschung, Überforderung
Unterkiefer herunter geklappt	Verlangsamtes Denken – der Brocken ist zu groß und kann nicht geschluckt werden (überforderte Kinder beim Fernsehen!)
Starr geschlossener Mund, Lippen zusammenkneifen	Nicht annehmen wollen – Starrheit, nicht sagen wollen
Lippen nach vorne gespitzt	Entscheidungsschwierigkeiten – soll ich öffnen und schlucken oder besser ausspucken?
Mundwinkel nach oben	Wie in eine Schale werden hier die Informationen hineingelegt und sollen alle behalten werden – angenehmer, Süßgeschmack-Ausdruck
Mundwinkel nach unten	Aufgenommenes soll wieder herauslaufen – Sauergeschmack-Ausdruck, „man" ist sauer
Lachen	Lachen heißt die Zähne zeigen und damit eigentlich *bissig* sein! Erst in Verbindung mit den Augen, die die Drohung zurücknehmen, heißt Lachen: „Ich könnte beißen, tue es aber nicht!" Lachen ohne Augenkontaktmöglichkeit ist immer ein aggressives Signal
Reste zwischen den Zähnen suchen	Sucht die Zunge im Mund nach imaginären Resten zwischen den Zähnen, fehlen Gedankenstücke, die das Verstehen des Ganzen möglich machen – Überlegung und Suchen
Zunge über die Lippen streichen	Nachschmecken, nichts von der angenehmen Information (Zuckerkrümel) soll verloren gehen – oft bei gemachten Komplimenten zu beobachten, auch erotischer Effekt

Mit Bewusstsein macht es richtig Freude, seine eigenen Verhaltensweisen zu prüfen! Aber mit der Nase können wir doch nichts tun ...?

Meinen Sie? Na dann blähen Sie Ihre Nasenflügel mal auf! Das Empfangen von sinnlichen Informationen wird merklich erhöht, ebenso ist der analoge Ausdruck des Prüfens von angenehmen Gedanken damit verbunden ... Und jetzt rümpfen Sie Ihre Nase! Bedeutung? Die Sache stinkt mir! Oder es ist einfach nur ein schlechter Geruch im Raum wahrnehmbar ...

Grundsätzlich kennen wir uns recht gut mit den Deutungen von Mimik aus, da wir zentriert in jedem persönlichen Gespräch hier unser *Augen*merk haben.

Stimmt – wenn man es weiß, ist es einfach! Wie war das noch einmal ... zum Nach-lesen bitte?

Augenbewegungen lassen sich analog der physiologischen Reaktion der Augen auf Lichtreize sowie die aufgenommene geistige/physische Nahrung in Bezug auf inneres Verhalten deuten.

Der *Mund* wird analog der physiologischen Funktion – Einnahme von Nahrung und Befriedigung von Bedürfnissen – zum Symbol für die Aufnahme von Informationen.

Die *Nase* als Organ ist nicht sehr beweglich, aber zu auffälligen, eindeutigen Aktionen fähig. Die Deutungen sind immer in Bezug auf Analogien zum „Geruch" in die geistige Ebene zu übertragen.

11. Wieso Territorialverhalten in der KörperSprache?

Das territoriale Verhalten ist eine Folge des Überlebenstriebes und in jedem Lebewesen genetisch programmiert, auch beim Menschen. Die jeweiligen Zonen des territorialen Anspruches zu respektieren heißt, sowohl auf der Gefühls- als auch auf der Sachebene Konsens herstellen und halten zu können.

Unterschiedliche Distanzen und verschiedene Regeln bestimmen das Miteinander von Menschen in LebensRäumen.

Distanzzonen spüren wir sehr deutlich, aber auch unterschiedlich. Gibt es Regeln?

Ja. Die *erste territoriale Zone* ist der Körper selbst. Berühren, Eindringen, Verwunden sind nicht nur juristisch, sondern in erster Linie archaische Körperverletzungen. Jeder Mensch – egal wie alt er ist! – hat das Recht auf die Wahrung dieser Distanz und den Respekt dafür.

Besteht ein Einverständnis (von „Ja, Sie dürfen mir den Flusen von der Kleidung klopfen" bis zur Operationserlaubnis), darf der Körper des anderen berührt werden. Besteht keine solche Erlaubnis und wird die Zone dennoch verletzt, muss mit Gegenwehr, Aggression oder Rückzug gerechnet werden. – In jeder Situation sollte darauf geachtet werden, das Gegenüber in seiner freien Entscheidung über seinen Körper zu respektieren. Respektvolles Verhalten zeigt sich darin, jemanden zu fragen und um Erlaubnis für den „Zugang" zu bitten.

Die erste Zone ist der Körper, was ist dann die zweite?

Die *zweite Zone* ist der Bereich, der zum Schutz des Körpers gegen äußere Angriffe benötigt wird ... – Der ausgestreckte Arm mit Faust ist hierfür der räumliche „Maßstab". In diesen Bereich fallen eine Fülle von Kampf- und Imponierverhaltensweisen. Bevor man jemanden in diesen „Verletzungsbereich" einlässt, wird über Blickverhalten (Kraft und Ausdauer entscheiden über Sieg oder Unterwerfung), Aufrichten des Körpers (Demonstration von Kraft und Stärke) und Handreichungsritual geklärt, mit welchem „Gegner" wir es zu tun haben. Distanzen, Standhaltungen, Blickkontakte und Mienenspiel liefern bei territorialer Regelung und Begegnung den Beteiligten einen ständigen Dialog für weiteres Verhalten.

Wichtige Gedanken, wie ich mir aufdringliche Zeitgenossen vom Leib halte! Gibt es weitere Anhaltspunkte, die berücksichtigt werden sollten?

Die *dritte Zone* ist der jeweils gewählte Lebensraum, sei es das Büro, die Straßenbahn, das traute Heim, ein Restaurant, Schreibtische oder ein Flugzeug. Hier werden zur Sicherung besonders Gebietsmarkierungen eingesetzt.

Gebietsmarkierungen? Klingt das nicht sehr nach Tierreich?

Das Menschenreich hat ebensolche Verhaltensweisen entwickelt! Viele unserer Höflichkeitsformen haben einen archaischen Hintergrund: Bereits das Anklopfen an der Tür eines Gesprächspartners soll heißen: „Ich bitte dich um Erlaubnis, dein Territorium betreten zu dürfen." Oder die Frage nach einem offensichtlich leer stehenden Stuhl: „Sitzt hier schon jemand?" Logisch ist diese Frage freilich nicht, sieht man doch den leeren Stuhl ... Gefragt wird vielmehr: „Hat hier schon jemand seinen Lebensraum markiert?" Setzt sich jemand ohne zu fragen auf einen (vorher besetzten, markierten) Stuhl, wird ihn der „Besitzer" auf seine Art auf den Irrtum hinweisen: „Das ist mein Stuhl!" Auch dies ist wiederum keine logische Aussage, wenn der Stuhl z.B. einem Hotel gehört ...

Erhalten wir in einer Gesprächssituation die Möglichkeit, in einem fremden Territorium als Freund akzeptiert worden zu sein und damit auch Stuhl und Tisch mit zu besetzen = benutzen zu dürfen, müssen wir auch hier die Regeln kennen: Ein Tisch wird bei zwei Gesprächspartnern je zur Hälfte zum „Eigentum" des Benutzers. Die Mittellinie des Tisches ist wie eine Demarkationslinie, auf der „neutrales" Gut platziert werden darf (Blumenvase, Gläser, Getränke, Salzstreuer). Ist diese Grenze nicht exakt ausgerichtet, muss sie durch Ausrichten der Gegenstände korrigiert werden ... Die Frage z.B. nach dem Flaschenöffner, der im Territorium des anderen liegt, folgt den gleichen Gesetzmäßigkeiten. Das Herausholen des Flaschenöffners und damit Eindringen in das Territorium des anderen wäre eine Art Luftraumverletzung, somit eine Kriegserklärung. Ähnliches geschieht bei politischen, territorialen Übergriffen.

„Luftangriffe"?! Ist das nicht reichlich übertrieben?

Besonders Luftangriffe werden als massive Bedrohung empfunden, da in diesem Bereich der Mensch recht unbeweglich und somit nicht verteidigungsfähig ist. Wie im Kleinen, so im Großen. Spüren Sie selbst einmal nach, wenn Ihnen ein Kollege ein Papier „einsegeln" lässt. Tötungsblick, Luftanhalten und dann: keine Würdigung des Inhaltes. Das „Danke" fällt – wenn überhaupt! – meist recht frostig aus ... Bedenken Sie: Die Gesetze des Respektierens von markierten Räumen müssen überall eingehalten werden, sonst kommt es zu verbalen und meist unlogischen aggressiven Auseinandersetzungen.

Gibt es noch weitere Gebiete, die es zu schützen und respektieren gilt?

Ja. Auch die Pünktlichkeit gehört dazu! – Wir sprechen von Zeiträumen ... und auch hier haben wir territoriale Hoheitsrechte zu respektieren. Jeder Mensch hat einen definierten LebensZeitRaum. Geben Sie mir einen Abschnitt davon frei und ich tue dies meinerseits, sprechen wir von einem Termin.

Missachtet nun einer von uns diese Vereinbarung, indem er zu früh oder zu spät kommt, besetzt er einen anderen, nicht freigegebenen Raum! Die Grundsatzdiskussionen über die berühmte Viertelstunde sind nicht besonders ergiebig. Die Störung liegt nicht auf der rationalen, sondern der archaischen Ebene und muss auch dort verstanden und geklärt werden: Lebenszeit ist Privateigentum!

Wartet jemand auf einen anderen, gibt er diesem den neuen oder erweiterten Zeitraum auch frei. Statt sich zu ärgern und den Ärger dann direkt oder indirekt am anderen (her)auszulassen, gibt es nur eins: Entweder man ist nicht mehr da, wenn die Zeit vergangen ist oder man wartet eben, stellt bewusst und mit einem guten Gefühl den neuen Raum zur Verfügung.

Ärgern nützt also gar nichts? Unpünktlichkeit ist doch unhöflich ...

Ärger macht alles ärger – und wenn ich mir meine archaische Verletzung bewusst mache, kann ich mit Humor (= Fließen der Kräfte!) agieren. Höflichkeit ist und war immer ein Versuch, archaisches Wissen in Regeln zu bringen. Ein weiteres Territorium sollte ebenfalls Beachtung finden ...

Wissensgebiete gehören – was vielen Menschen gar nicht bewusst ist – ebenso zu Territorien! Hat jemand einen Anspruch auf ein Vorrecht in einem bestimmten Wissensgebiet erlangt, darf ein weniger Autorisierter, quasi ein „Unwissender", nur mit Fragen in diesen Bereich eindringen. Fragen zollen den notwendigen Respekt. Hat in einer Gesprächsrunde jedoch keiner der Beteiligten ein besonderes Recht auf z.B. das Thema „Atombombe", so redet jeder, wie es ihm gerade einfällt. Aber wehe, wenn ein unerkannter Professor der Physik am Tisch sitzt. Seine Nachfragen werden schnell sein Wissen, d.h. zugleich sein Vorrecht verdeutlichen und den Redefluss und somit die Territorialhoheit in die angemessene Form bringen.

In Verhandlungssituationen und Präsentationen – und nicht nur da – ist das Einhalten dieser Respektsregeln besonders wichtig und entscheidet nicht zuletzt über Erfolg oder Ablehnung. Hier eine bildhafte Schilderung:

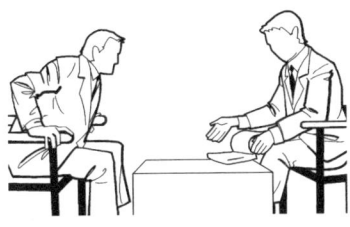

Abb. 6: Territoriale Achtung

Auf Abbildung 6 erkennen Sie, dass die Einhaltung dieser Regeln zum gewünschten Interesse, ausgedrückt durch das Vorbeugen des Oberkörpers des Gesprächspartners und seinen fragenden Blick, führt. Die offene Handhaltung des Präsentierenden zeigt dem Partner, dass er dem Angebot/dem Argument trauen kann. – Missachtung demonstrieren hingegen die Situationen auf den Abbildungen 7 bis 10:

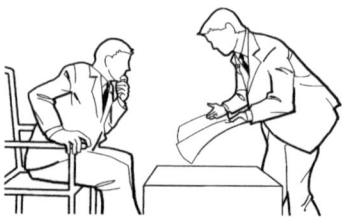

Abb. 7: Territoriale VerAchtung I

Der Empfänger zeigt zunächst noch Interesse, aber sein Zeigefinger (Besser-Wissen!) am Kinn kritisiert bereits die leichte Überschreitung der Mittellinie des Tisches durch die Unterlagen. In seinem Eifer fällt dem Sender dies nicht auf, ...

Abb. 8: Territoriale VerAchtung II

... und er macht den Übergriff perfekt! Hinzu kommt dann noch sein drohender „Besserwisser"-Finger. Der Empfänger der Botschaft zieht sich körperlich und innerlich zurück. Die Annahme der Idee/des Arguments wird so sicher kaum erreicht.

Auch wenn sich der engagierte Sprecher wieder setzt, das eingeleitete Szenario verstärkt sich: Der Gesprächspartner gegenüber presst sich in seinen Stuhl und seine gesamte innere Anspannung wird körperlich deutlich. „Was fällt dem Kerl ein, so dominant in mein Territorium einzugreifen! Genauso wird er mich in dem Gespräch überrumpeln!"

Abb. 9: Territoriale VerAchtung III

Die vollständige Bedrohung im archaischen Bereich begeht der Präsentierende dann, indem er dem Zuhörenden ohne dessen Erlaubnis oder Einladung nun ganz „zu Leibe rückt": Einbruch in die zweite Distanzzone!

Abb. 10: Territoriale VerAchtung IV

Die Aufmerksamkeit des Empfängers, ausgedrückt durch seinen Blick, liegt jetzt nur noch beim Agierenden, schon lange nicht mehr bei der Sache, dem zu Präsentierenden. Es zeigt sich eine „Beziehungskrise", eingeleitet durch das nicht erlaubte Eindringen in den privaten Raum des Menschen. Diesem können so nur noch körperliche und verbale Ausflüchte helfen, um sich aus dieser Bedrohungssituation zu befreien.

Im Eifer des Gefechts kann es soweit kommen ...! Aber was ist mit „normalen" Gesprächen?

Jedes Argument, jede Idee oder jeder Gedanke, den wir an den Mann oder die Frau bringen wollen, d.h. Hinweise, Tipps oder Antworten ... das alles muss zum Gesprächspartner „hinüber gebracht" werden, damit er es frei annehmen und begreifen kann.

Ob Mutter/Vater mit den Kindern sprechen, Nachbarn oder Fremde miteinander oder dem Lebenspartner, Mitarbeitern oder Vorgesetzten etwas vermittelt werden soll: Stets haben wir die gleiche Situation wie der Sprecher/Sender in unserem Beispiel. Letztlich sind wir alle Anbieter und wollen „unser Produkt" verkaufen – was auch immer es sei. Territorien gehen uns alle an und solange es im Kleinen (Privaten) Missachtungen und Streitigkeiten gibt, wird es diese auch im Großen (Globalen) geben. Deshalb sind Respekt und Achtung vor dem anderen (Menschen/Volk) mehr als bloße Worte – sie können bei entsprechender Berücksichtigung und Umsetzung zu mehr Frieden, Ausgleich und Miteinander sowohl im Privaten wie im Globalen beitragen.

12. Wie passen verbaler und non-verbaler Ausdruck zusammen?

Am besten synchron oder übereinstimmend! Das heißt, was mein Mund sagt, sagt auch mein Körper oder er unterstützt das Gesagte.

Nehmen wir als Beispiel die Kontaktaufnahme. Begegnungen beginnen im ersten AugenBlick! Ihr Gespräch beginnt und entscheidet sich lange vor den eigentlichen gesprochenen Worten. Um sinnvoll zu kommunizieren, müssen Sie mit dem Gesprächspartner Kontakt aufnehmen. Kontakt heißt: Berührung, Verbindung herstellen und „im gleichen Takt sein". Der erste Augenblick und die folgenden Minuten entscheiden über die Art Ihrer Verbindung zum Gegenüber. Sympathie oder Antipathie, Gleichklang oder Missverständnis entstehen. Ein bewusster Mensch kennt daher seine ersten Signale und versteht es, auf die des anderen einzugehen. Er stellt die gleiche Ebene zum Gesprächspartner her.

Daher der viel zitierte Ausspruch ...

... für den ersten Eindruck gibt es keine zweite Chance ... genau! Jeder kennt diesen alten und doch so wahren Satz. Kennen Sie Ihre Wirkung beim ersten Kontakt – z.B. bei einer Begrüßung? Wissen Sie, welchen Standpunkt Sie vertreten, was Ihre Haltung, der Armabstand, der Druck der Hände oder Ihr Augenausdruck alles über Sie und Ihre Befindlichkeit aussagen? Unbewusst nimmt Ihr Gegenüber diese Informationen auf und wertet nach seinen Mustern Ihre Person.

Wie sieht eine angemessene Begrüßung aus?

Bei einer angemessenen und somit souveränen Begrüßung mit Handberührung (besser kein Handschlag!) stehen beide Partner fest auf beiden Beinen, nehmen damit einen sicheren Standpunkt ein – sie begegnen sich zur Handberührung mit jeweils halber Armlänge. Damit befinden sich beide im „Kampfbereich", da der ausgestreckte Arm mit einer möglichen Faust das Gesicht des anderen treffen kann. Bei sprachlichen Attacken sprechen wir dann vom „Schlag ins Gesicht".

Abb. 11: Begegnung auf halber Strecke

Die Oberkörper sind in der Senkrechten, stellen sich dem Austausch, der Händedruck ist gleichwertig und lässt Berührung zu, ohne den anderen „in den Griff" zu nehmen und damit zu erdrücken. Die Gesichter zeigen zueinander und ein leichtes Lächeln sagt: „Ich stelle mich der Konfrontation, komme aber in freundlicher Absicht."

Abb. 12: Gleichberechtigte „Verhandlung"

Worte wirken auf die Reaktion unseres Körpers analog zu den rein körperlichen Vorgängen. Schauen wir uns daher die körperlichen Aktionen an, können wir auf die sprachlichen, gedanklichen und emotionalen Vorgänge schließen.

Ich bekomme stets Bauchschmerzen bei „Schlabberhändchen". Was sagt mir ein solches Verhalten?

Ein Begrüßungsritual ist gleichzeitig ein entsprechendes Kommunikationssignal: „Schlabberhändchen" – hierbei findet körpersprachlich betrachtet eine Irritation durch zwei sehr widersprüchliche Signale statt: Zum einen tritt diese Person in den Nahbereich zu mir (Abstand halbe Armlänge), zum anderen entzieht sie sich dem Austausch von Informationen und will keinen Kontakt (kein Hand-/Hautkontakt mit vielfältigem, subtilem Informationsgehalt, sondern Rückzug). Hier versucht jemand dem gesellschaftlichen Ritual und dem damit verbundenen Abstand zu entsprechen, hat aber das persönliche Bestreben, größere Distanz zu Menschen herzustellen. Unbewusst reagieren wir darauf mit Ablehnung und unangenehmen Gefühlen dieser Person gegenüber. Damit bestätigen wir möglicherweise durch unser Verhalten die Angst dieser Person: „Mit mir will keiner etwas näher zu tun haben, Menschen meiden mich."

Was tut man als Wissender? Das „Händchen" habe ich ja in meiner Hand ...

Sie, der nun bewusst mit diesen Signalen umgehen kann, wissen, dass er agieren kann. Sie respektieren die Aussage „Ich will Abstand und nicht zu viel Nähe", indem Sie nach der Begrüßung körperlich auf Abstand gehen (einen halben Schritt zurückgehen) und auch sprachlich nur eine vorsichtige Annäherung herbeiführen. Durch diesen Respekt wird sich der andere Mensch verstanden fühlen – und eher Vertrauen zu Ihnen aufbauen.

Ein weiteres, häufig anzutreffendes Bild: Der Oberkörper eines Gesprächspartners kommt mir bei der Handreichung bedrohlich nahe. Reagiere ich richtig, wenn ich zurückweiche?

Menschen, die ihren eigenen Oberkörper in Richtung des Gegenübers beugen, kommen Ihnen näher, als es angemessen ist! Hier wird signalisiert, dass nicht Sie das Gespräch führen sollen (und werden, denn Sie gehen ja in den anerkennenden Rückzug!), sondern Ihr Gegenüber, indem Sie bedrängt werden und in Ihren Schutzbereich eingedrungen wird.

Aus der inneren Einstellung des Gesprächspartners mag dies nachvollziehbar sein, denn wer möchte nicht die Führung in einer Verhandlung innehaben und seine Ziele durchsetzen. Aber jedes Gegenüber wird auf dieses Signal bereits nonverbal mit Ablehnung antworten (s.o.). Durch das Zurückweichen im Oberkörper geben Sie das Ihnen zustehende Territorium frei. Im Gespräch folgend ein ähnliches Bild: dem Thema ausweichen und keine eigene Stellungnahme verbalisieren. Alles eine Frage von Agieren und Reagieren!

Um körpersprachliche Informationen richtig einordnen zu können, muss man sie im Zusammenhang sehen. Wer gibt welchen Reiz in welcher sprachlichen Situation und wer beantwortet ihn? Wenn Sie demnach Ihre Reize kennen, die Sie z.B. bei einer ersten Begegnung aussenden, dann können Sie ausmachen, ob und wann Ihr Gegenüber reagiert oder agiert. Auf alle Aktionen können Sie dann entweder unbewusst reagieren oder über eigene Aktionen bewusst entscheiden.

Agieren oder reagieren? Habe ich denn immer eine Wahl?

Bewusst – ja! Nehmen wir an, ein Gesprächspartner kommt scheinbar uninteressiert oder leicht muffelig auf Sie zu. In Sekundenschnelle ist Ihre bis eben noch vorhandene gute Laune getrübt und aus den wahrgenommenen Signalen funkt Ihr Gehirn: „Achtung, der will bestimmt nicht mit mir sprechen ... und besonders sympathisch bin ich ihm auch nicht." Aus diesen Gedanken wird ebenso schnell Ihr negatives Gefühl. Schon hat sich Ihr eben noch vorhandenes leichtes Lächeln verzogen und Ihre Mundwinkel zeigen tendenziell nach unten: Sie machen das Sauergesicht! Natürlich haben Sie jetzt die gleiche Ebene zu Ihrem Gegenüber, aber ein freudvolles, erfolgreiches Gespräch lässt sich jetzt nicht mehr führen. Außerdem werden Sie durch Ihre äußere und innere Haltung die Prophezeiung erfüllen: „Der will ja doch nicht ..."

Mit Bewusstsein können Sie differenzieren, welche Signale von außen kommen und sie dort belassen. Dann können Sie bei sich selbst bleiben – gleichgültig, was andere tun oder in welcher Stimmung sie sind. Ich habe die Wahl, Empfangenes auf mich zu beziehen oder es einfach nur sein zu lassen.

 Kann ich dann auch meine eigenen Gefühle offen zeigen?

Wenn Sie sich entschließen, das Signal des Partners aufzunehmen und bewusst zu denken: „Dieser Mensch hat zurzeit negative Gedanken und fühlt sich nicht sehr wohl", dann beschreiben Sie das, was Sie sehen, ohne es auf sich zu beziehen und zu werten. Dadurch können Sie entscheiden, dass Sie weiterhin mit einem Lächeln auf diesen Menschen zugehen können und damit die Situation bestimmen.

Kein Mensch – nicht einmal mein ärgster „Feind" – kann mir meine Stimmung vorgeben! Ich entscheide immer selbst, wie ich dem anderen begegne. Nicht die äußere Situation entscheidet über „ärgern" oder „Freude", sondern meine innere Einstellung dazu. Das Außen ist vielleicht eine Herausforderung, aber niemals ein Zwang, diese Haltung bzw. Stimmung auch anzunehmen!

Trifft mich etwas von außen an einem wunden Punkt, so zeigt mir dies nur, dass *ich* dort eine zu heilende Stelle habe. Wir können Ärgernissen, die andere auslösen, im Grunde sogar dankbar sein, zeigen sie uns doch nur auf, wo wir selbst noch etwas in den Schatten gedrückt haben.

Ein offenes, freundliches Gesicht mit entsprechender Haltung ist selbst dem muffeligsten Gegenüber auf Dauer unwiderstehlich. Das höhere Energiepotenzial (Freundlichkeit) fließt immer zum niedrigeren! Damit das Gespräch freundlich und offen startet und auch verläuft, können Sie jederzeit leicht ausprobieren.

 Also: Immer nur Lächeln! Soll ja auch gesund sein, oder?

Lächeln, wenn Sie mögen. Lachen heißt die Zähne zeigen! Bedenken Sie: Freundlichkeit zahlt sich immer aus. Und wenn Sie dabei die Führung der Situation übernehmen und damit agieren, erst recht. Freundlichkeit heißt jedoch nicht, dass Sie unbedingt den ewigen Smiley spielen müssen. Das würde wieder unnatürlich und aufgesetzt erscheinen und kann auch nicht Ihrer permanenten, inneren Haltung entsprechen.

Außerdem signalisiert das Entblößen der Zähne im archaischen, ursprünglichen Bereich, dass Sie dem anderen Ihre „Bissigkeit" zeigen. Erst der mit dem Lachen verbundene Augenausdruck entschärft dieses Signal: „Ich kann dich beißen (Zähne), aber ich werde es nicht tun (Augen)." Wir besitzen einen kleinen Muskel, der verantwortlich für die Mundwinkelstellung ist. Wenn Sie diesen Mundwinkelheber innervieren, erscheint Ihr Gesicht freundlich und durch eine mit diesem Muskel gekoppelte Augenöffnung sind Sie offen, die Situation mit offenen Augen zu betrachten.

Eine Verengung der Augen zieht auch immer die Konzentration auf etwas nach sich und beinhaltet die Aggression. Mit zusammengekniffenen Augen und herunterhängenden Mundwinkeln findet man „automatisch" das störende Haar in der Suppe. Die bewusste Entscheidung, die Dinge des Lebens offen anzuschauen, lässt Sie nach außen als auch im Inneren angenehmer den Tag an- und auf Menschen zugehen.

Unangenehme Situationen oder Probleme erscheinen uns bei verkniffener Mundstellung und verengten Augenstellungen eben „verbissen", „verkniffen" oder „suspekt". Sprache beschreibt KörperSprache – der Körper hat Einfluss auf Denken und Fühlen. – Es gibt Tage, da ist einem nach gar nichts. Man fühlt sich unbehaglich, jedes Gespräch ist eher lästig. Diese Gefühle sind durchaus zulässig. Unsere Gedanken in Verbindung mit unseren gesellschaftlichen (überholten!) Regeln aber verbieten meist den freien Ausdruck dieser Gefühle. Gefühle dieser Art sind Privatsache und gehören eben nicht in die Öffentlichkeit. Diese Rechnung haben wir dann jedoch wieder ohne unseren Körper gemacht.

Der Körper – unser steter „Verräter"!? Wieso kann ich meine Gefühle denn nicht verbergen, jetzt, wo ich weiß, wo die „Orte" hierfür liegen?

Der Körper offenbart sich uns mit seiner Mimik (heruntergezogene Mundwinkel, trauriger Blick), unserer Gestik (Zurückhaltung der Arme und Hände, Festhalten der linken, emotionalen Hand oder Faust in der Tasche) und herabhängenden Schultern. Oder der Gang ist schleppend und die Füße wollen sich gar nicht vom Boden lösen. All diese Signale stehen dann im Gegensatz zur Aussage: „Mir geht's gut, ich bin ganz *zufrieden* (spüren Sie mal dieser Wortbedeutung genauer nach – „zum Frieden" bedeutet dieses Wort!), *eigentlich* (das eigene Ich will was?) kann ich nicht klagen."

Sie meinen, Sie können Mimik, Gestik, Haltung und Gang kontrollieren oder in eine bestimmte Form bringen? Probieren Sie es und reden Sie dann über ein Thema Ihrer Wahl ...

Warum stehen wir nicht zu unserer Situation, wenn wir sie letztlich doch nicht verstecken können? Wenn Sie *ehrlich* (= das Ich ehren!) antworten und damit Ihre Gefühle annehmen, wird es Ihnen besser (er)gehen. Und auch der Gesprächspartner wird Sie für ehrlich halten, wenn Sie anschließend auf der Sachebene zum Gespräch kommen. „Verzeihen Sie, wenn ich so ein Gesicht mache, das geht nicht gegen Sie. Ich habe gerade heftige Kopfschmerzen." Oder: „Macht Ihnen der Fön auch so zu schaffen? Ich habe eben Schwierigkeiten mich zu konzentrieren."

So oder ähnlich können Sie sich und Ihre Gefühle äußern und vermeiden damit, dass der andere Ihre körpersprachlichen Signale auf sich persönlich bezieht und sie als Ablehnung auslegt. Für Sie selbst bedeutet dieses Verhalten, dass das unbehagliche Gefühl nachlässt (es wird wieder auf die seelisch-geistige Ebene gehoben und der Körper kann auf die Signalgebung verzichten!) und Sie sich und anderen aufrichtiger und authentisch begegnen.

Die Verlockung ist nun groß, sich auf die nächste Situation zu stürzen, die beteiligten Personen unter die Lupe zu nehmen, um das große „Aha – so ist der/die also" zu erleben! Wissen wir doch nun alles über KörperSprache, oder?

Ich bitte noch um Zurückhaltung, denn zunächst geht es um Ihr Bewusstsein in eigener (KörperSprache)Sache. Und das heißt: beobachten, erkennen, prüfen, hinterfragen. Nehmen Sie sich dazu bitte, je nach Tagesagenda, eine Vokabel Ihrer Körper-Sprache vor:

1. Bewusstmachung Ihrer Haltung vor/bei einem Gespräch

Welchen Standpunkt wählen Sie? Beweglichkeit (geistig und in den Knien) gegeben?

Gleichmäßiger Energiefluss (Atmung)? Handlungsbereitschaft (Arme und Hände hängen lassen)? Aufnahmebereitschaft für neue Impulse (Kopfhaltung, Augenkontakt)?

2. Aktivierung der eigenen Energie

Gang in Fluren, Gängen oder auf/vom Parkplatz aktiv, dynamisch gestalten! Mitarbeitergespräche mit Bewegung kombinieren! Betreten von Räumen mit bewusstem Gang und entsprechenden Gedanken – im Hier und Jetzt sein, keine Erwartungen!

3. Sitzhaltungen und -ordnungen variieren und damit spielen

Setzen Sie bewusst beide Standbeine beim Sprechen und Hinhören ein und spüren Sie den Unterschied! Oberkörperbewegungen aktiv einsetzen und damit (geistige) Bewegung initiieren! Beobachtung der eigenen Handhaltungen auf der Handlungsebene (Tisch) – verdeckte oder offene Hand? Sitzordnungen ändern und neue Ansichten gewinnen!

4. Mimik deutlich einsetzen

Trainieren Sie Ihre Mimik bereits morgens vor dem Spiegel oder an der roten Ampel im Auto! Ziehen Sie mal wieder Grimassen! Übertreiben Sie den mimischen Ausdruck – z.B. bei Erstaunen – und lassen Sie die zugehörigen Worte einmal weg: Versteht Ihr Gegenüber Sie? Machen Sie einen Tag lang intensiv Aufzeichnungen über Ihre Hand-Kopf-Bewegungen: Gibt es in bestimmten Situationen wiederkehrende, typische Übersprungshandlungen? Oder fragen Sie Ihre Mitmenschen danach – oft reicht eine Bewusstmachung, um den „Tick" wieder in bewusstes Verhalten zu wandeln.

5. Arme und Hände reden lassen

Trauen Sie sich, beschreibende Gestik in großzügigen Bewegungen einzusetzen und beobachten Sie, ob Ihre Anweisungen dann klarer verstanden werden. Geben Sie Argumente, Anweisungen oder Hinweise mit der offenen, gebenden Hand: Machen Sie eine Strichliste um zu dokumentieren, wie oft es Ihnen gelingt! Wo stecken Ihre Hände, wenn Sie hinhören? Üben Sie, gelassen und handlungsbereit zu sein, indem Sie Ihre Arme und Hände hängen lassen, ohne sich hängen zu lassen.

6. Territorien achten, innerlich lächeln

Machen Sie sich ein Bild Ihrer eigenen Markierungsgewohnheiten. Prüfen Sie, ob diese auch erweitert werden können. Schauen Sie sich das Markierungsverhalten Ihrer Mitmenschen an. Lächeln Sie innerlich – denn ändern können Sie sie nicht, nur respektieren und akzeptieren! Verstehen und Lachen entspannt und lässt gelassen sein.

Fazit

Erst wenn Sie Bewusstsein für Ihr eigenes Verhalten erlangt haben und „lesen" können, erkennen Sie sofort, welche Bedeutung die jeweilige Situation hat. Sie können dann nicht *nicht* lesen! Nur was Sie kennen, erkennen Sie bei anderen wieder, alles andere bleibt Ihnen fremd.

Das eigene, erweiterte (Körper)Bewusstsein verhilft Ihnen dann im zweiten Schritt, die Wahrnehmung für das verbale und nonverbale Verhalten Ihrer Gesprächspartner ganzheitlicher wahrzunehmen. Wenn Ihnen dabei auffällt, dass verbal etwas anderes ausgedrückt wird als nonverbal, können Sie dies in die verbale Kommunikation mit einbringen. Dadurch leisten Sie einen aktiven Beitrag, um das ins Unbewusste Abgesunkene wieder auf die eigentliche, geistige Ebene zurückzuführen: „Herr Schilling, ich habe das Gefühl (den Eindruck, eine Ahnung etc.), dass Ihnen meine Idee nicht vollständig zusagt ..." Sie bauen quasi eine Brücke auf verbaler Ebene, indem Sie von Ihren Empfindungen sprechen. Interessant wird sein, wie Ihr Gegenüber reagiert – etwa: „Nein, Ihre Idee ist prima, nur habe ich gerade an eine ähnliche Situation gedacht und da ist die Sache voll daneben gegangen ..."

Auch und gerade Assoziationen können körperliche Reaktionen auslösen – und nur wenn wir nachfragen, können wir eine vollständigere Kommunikation erreichen.

Sie können beim bewussten Umgang und dem Spielen mit eigenen Körpersignalen nur (dazu)gewinnen. Sich Tag für Tag mehr seines Selbst bewusst werden, Muster und Programme hinterfragen, diese lächelnd prüfen und ggf. ablegen – wie ein zu lange getragenes Kleidungsstück. Ist doch unser Körper das Fahrzeug der Seele – die jeweilige Identität und Persönlichkeit eine mögliche Kleidung. Sie können wählen, was Sie darstellen und anziehen wollen!

Ich wünsche Ihnen dazu den erforderlichen Mut, den notwendigen Respekt und ein weitgehend wertfreies, liebevolles und tiefes Verständnis für sich und andere!

Ihre   *Sabine Mühlisch*

Sabine Mühlisch – KörperSprache & UnternehmensKörper
Voigtelstraße 3
D-50933 Köln

Fon & Fax: +49 (0) 221 – 499 45 16
Email@Sabine-Muehlisch.de • www.Sabine-Muehlisch.de

Dialektische Verhaltenstherapie

272 Seiten, kartoniert • € (D) 24,90 • ISBN 978-3-87387-688-0

REIHE AKTIVE LEBENSGESTALTUNG • Angewandte Verhaltenstherapie

MATTHEW MCKAY et al.

»Starke Emotionen meistern«

Die von Marsha Linehan zunächst für die Behandlung von Borderlinestörungen entwickelte Dialektische Verhaltenstherapie (DVT) vermag Menschen sehr wirksam zu helfen, mit übermächtigen Emotionen umzugehen. Sie fokussiert auf die vier Schlüsselkompetenzen Stresstoleranz, Achtsamkeit, Emotionsregulierung und Beziehungsfähigkeit.

Das Buch eignet sich sowohl zur Unterstützung einer Therapie als auch als Leitfaden für die Selbsthilfe. Zahlreiche Anregungen, Übungen und Arbeitsblätter erleichtern den Praxistransfer.

Matthew McKay, Ph. D., Professor am Wright Institute, spezialisiert auf die Behandlung von Angstzuständen und Depressionen.
Jeffrey C. Woods, spezialisiert auf die Behandlungen von Depression, Angst und Traumata, sowie auf Assertivitätstraining und Life-skills-Coaching.
Jeffrey Brantley, beratender Mitarbeiter des Department of Psychiatry der Duke University, Leiter eines Stressreduktionsprogramms.

Junfermann Verlag

Dem Leben Flügel verleihen